循环式增长：
AI如何赋能经营战略

[日] 堀田创 尾原和启 著

梁苡铭 译

中国科学技术出版社

·北 京·

北京市版权局著作权合同登记　图字：01-2022-0719。

图书在版编目（CIP）数据

循环式增长：AI 如何赋能经营战略 /（日）堀田创，

（日）尾原和启著；梁苡铭译 . —北京：中国科学技术

出版社，2022.4

ISBN 978-7-5046-9461-4

Ⅰ.①循⋯　Ⅱ.①堀⋯　②尾⋯　③梁⋯　Ⅲ.①人工智

能—应用—企业管理　Ⅳ.① F272.7

中国版本图书馆 CIP 数据核字（2022）第 033491 号

策划编辑	申永刚　杨汝娜	责任编辑	申永刚
封面设计	创研设	版式设计	锋尚设计
责任校对	张晓莉	责任印制	李晓霖

出　　版	中国科学技术出版社
发　　行	中国科学技术出版社有限公司发行部
地　　址	北京市海淀区中关村南大街 16 号
邮　　编	100081
发行电话	010-62173865
传　　真	010-62173081
网　　址	http://www.cspbooks.com.cn

开　　本	880mm×1230mm　1/32
字　　数	114 千字
印　　张	7.125
版　　次	2022 年 4 月第 1 版
印　　次	2022 年 4 月第 1 次印刷
印　　刷	北京盛通印刷股份有限公司
书　　号	ISBN 978-7-5046-9461-4/F・984
定　　价	69.00 元

前言

从技术到战略设计

你有没有注意到人工智能（Artificial Intelligence，AI）热潮背后的规则变化？

媒体几乎每天都在宣传数字化转型（Digital Transformation，DX）。

随着新冠肺炎疫情的蔓延，数字化转型的趋势正在加速。人工智能作为数字化转型的核心，其重要性与日俱增。

另外，日本的大型企业、中小企业发出了这样的叹息：

"数字化转型必须搭配人工智能？话虽如此，但我们不知道该怎么做……"

"这与我们公司无关，我们连人工智能的技术人才都没有……"

"人工智能的革新，是海外互联网风险企业的事吧……"

很多企业都有类似的体会。

数年前掀起的人工智能热潮的幻灭，使人们心中只剩下迷茫和失望。我觉得这是理所当然的事情。"人工智能改变了商业"，引起这种骚动的狂热是什么呢？在日本，各家企业都宣称人工智能方面的技术人才不足，非自动化的杂务工作依然随处可见。但是，人工智能依旧改变了商业。不，应该说人工智能正在改变商业。

人工智能正在以一种与人们的预期完全不同的方式改变着竞争规则，也就是从人工智能技术转变为人工智能战略设计。

现在的人工智能以零件的形式呈现在我们眼前，不需要很高的专业性。能够开发出多么优秀的技术、拥有多么优秀的人工智能人才，已不再是严峻的课题，反倒是"如何将人工智能技术纳入企业战略"成了最关键的问题。

日本的企业缺少持续制胜的战略

企业运用人工智能并不单是"通过实现部分工作自动化来降低成本"。直接使用人工智能技术很容易被其他企业模仿，因此无法提高公司的根本竞争力。

随着人工智能技术的商业化发展，竞争的焦点已不再是技术，而是谋求人工智能的战略设计。

·引进人工智能技术，能够让贵公司长期处于竞争优势吗？
·人工智能的实际应用能够实现多重利益的循环吗？
·贵公司能够设计出持续制胜的人工智能方案吗？

今后的商业将围绕以上三个问题展开。"人工智能能够从事什么样的工作？成本又会提高多少？"商业不能因这样的讨论停滞不前。商业成败的关键在于能否尽早注意这一幕后的转变，并采取妥当的应对措施。

我最想强调的是，对于包括中小企业在内的日本企业来说，这样的规则转变是求之不得的。

说到"灵活运用人工智能的战略设计"这一观点，纵观全球，日本的企业蕴藏着巨大的潜力。为了不丧失这样的机遇，企业该如何是好？

答案只有一个，即本书中提到的"双重收获"战略模型。

本书详细介绍了利用人工智能技术构建持续制胜方案

的框架及步骤。

即使过去从未接触过人工智能的人或企业，也可以通过本书了解"首先应该做些什么""自己的公司需要做什么准备""需要以怎样的角度看待人工智能"。

后数字化时代所需要的"人工智能战略设计"

我是本书的作者之一尾原和启。大约30年前，我在京都大学专攻人工智能，之后作为战略咨询顾问进入麦肯锡公司，开始了我的职业生涯。也就是说，我曾一度抛弃了人工智能，踏入了战略设计领域。

另外，这10年间我一直致力于在人工智能和战略之间搭建桥梁。

我在谷歌的日本分公司从事检索项目的开发，除了参与人工智能服务"谷歌助手"的日本启动项目外，我还在日本国立研究开发法人产业技术综合研究所于2015年设立的人工智能研究中心担任顾问，可以说我最关心的就是如何将人工智能融入企业战略。

我和倍比拓公司（beBit）的藤井保文将探究过程中学

到的知识整理出来，并编写了《后数字化时代——生存在没有线下概念的时代》一书。这本书描述了数字与网络之外（现实）将产生的变革，以及需要以怎样的视角重新审视，才能在变化中抓住机遇。在包含数字与现实的后数字化世界中，就连人们的真实体验（用户体验，UX）也会因为数字化而重新构筑。

如果上述情况成为现实，人工智能就能够通过用户体验收集人们的行为数据，那时正是人工智能出场的时候。利用人工智能分析人们的行为数据，能够更好地辅助人们的行动。

日本企业必须着眼于这一转变。如果做不到这一点，我们很有可能会沦为平台企业的承包商。

包括上述问题在内，《后数字化时代——生存在没有线下概念的时代》一书中提到了如何思考时代变化带来的机遇。托大家的福，这本书引起了不小的反响。在执笔这本书时，相关系列的累积销量已突破15万册，意外成了信息技术（IT）行业的畅销书籍。

IDEO与Cinnamon AI共同研发

然而，仍有遗留下来的课题。

后数字化引起的变革只不过是因为不做就会被市场抛弃，所以不得不做，并不能作为企业的持续制胜方案。

"为了在人工智能和数字化转型的时代提高企业的持续性竞争力，什么才是关键?"

我在寻求这一问题的答案时，邂逅了本书的合著作者堀田创。

堀田创取得了庆应义塾大学神经网络研究学科的哲学博士学位，之后创办了日本国内最受瞩目的西纳蒙人工智能公司(Cinnamon AI)，成为活跃于商业领域的未来学家。

居住在马来西亚的堀田先生领导着河内理工大学毕业的学生和亚洲一级人工智能工程师，每天奋战在能够推进各大公司开发的"人工智能战略实际应用"的第一线。

堀田不只在人工智能技术方面造诣颇深。在将技术应用于商务过程中，必须形成一定的体系结构，简单地说，堀田在这方面也拥有非常优秀的结构化能力。

我想强调的是，我们就本书中提到的人工智能的实际应用框架讨论了很多，而堀田完美地将这些信息结构化，而且，这一框架并不是纸上谈兵。

世界著名设计公司艾迪欧（IDEO）与Cinnamon AI开始共同提供双重收获的核心价值，即人工智能战略设计的研习会。

从这一点来看，本书描绘的未来，可以说是对今后商务活动的预测。

虽然会走回头路，但人工智能和数字化转型时代的规则改变，对于日本企业来说是前所未有的机遇。

如果你能够从本书中获得有利的信息，身为作者的我会十分开心。

尾原和启

目录

制胜的人工智能战略设计

人工智能的热潮是否已经退去

人工智能技术的应用已经普及。也就是说，任何人都能轻松地使用这项技术，这是不争的事实。

只要名字里带有人工智能就会受人称赞的时代已经成为过去，在今后，人工智能技术将会日益成熟，成为商业竞争的关键。仅拥有数据无法实现差异化，只拥有许多人工智能技术人员，也已经不能让企业在竞争中处于优势地位了。但是，这并不意味着人工智能毫无用武之地。事实上正好相反，人工智能的使用是实现商业化的根本前提。在当今时代，没有人工智能技术，就没有参与竞争的资格。

随着人工智能技术的普及，空喊口号的现象已成为过去，现在已经到了收获的阶段。事实上，全球顶尖企业已经进入收获周期。

本书要说的双重收获不是指一次性收获，而是指通过引进正确的人工智能战略设计，制造出能够自我运作的构造（循环结构），实现二次、三次，甚至连续性收获。本书的宗旨是提供实现这一目标的框架，在战胜其他公司的同时，取得持续性胜利。

人工智能给所有产业带来便利

看到上面这句话，还没有着手于人工智能领域的企业可能会说："我们落后了，已经来不及了。"但是，事实并非如此。人工智能的商业化意味着所有人都能廉价地使用这项技术。

事实上，现在人工智能的各种功能不需要从零开始研发，可以直接借用其他企业的研发成果，只需要像组装乐高零件那样组合出必要的功能，就能够将人工智能带回自己的企业。

因此，那些觉得自己与人工智能无缘的企业，才是双重收获战略论的主要目标群体。不，与其这样说，倒不如说正是因为劳动密集型企业的利润率低，无法承受附加的成本负担，所以这些在数字化、人工智能化浪潮中残留下来的企业群，才能够利用本书中的框架得到更多的收获。

这些企业群包含了所有的产业，如拥有数家店铺到数十家店铺规模，掌握客户接触点的餐饮连锁店、美发沙龙、教育机构；拥有生产场地的中小型制造商和本地企业、进出工作现场的建筑从业者；拥有农林水产现场加工

场地的食品加工制造商和畜牧业、木材加工厂；包括负责
最后一公里运输的运输人员在内的物流业。现在，日本全
国的企业无论规模大小，都能够熟练地使用人工智能技术。

数字化转型的致命误解

趁着热潮引进人工智能技术的企业，或许正在因为没
有取得预期的成果而感到失望。但是，笔者希望你们不要
放弃。这或许是因为你们公司引进的人工智能技术，只是
将现有的业务和工作数字化、自动化的工具。换句话说，
人工智能技术的作用不只是"数字转化"（转换成数字），
它还使公司和事业的架构产生了"数字化转型"。

说到人工智能，我们最先想到的应该是商品推荐和自
动化带来的成本降低，但事实上这只是人工智能技术的入
门级功能。本书接下来将要详细说明的是，使用人工智能
技术并不只是为了赢取眼前的胜利。人工智能在持续制胜
的方案设计方面能够发挥更大作用。

为此，第一步是设计构筑使人工智能更加聪明的循环
结构。但是，大部分企业都在这一阶段受挫。由于无法构

筑出循环结构，好不容易引进的人工智能的大部分功能无法使用。

为此，当前的目标是根据储存的数据，不断培育出精度更高的人工智能。只要做到这一点，就能在竞争中取得领先。因此，人工智能的本质不是技术论，而是战略论。

但是，只依靠单一循环并不能保持长久的优势，因为人工智能的商业化使得所有人处于同一平台。例如，通过降低成本实现低价服务，在遥远的未来，对手企业也能达成同样的战略目标。

因此，只有一项竞争优势是不够的，必须构筑二次、三次的循环，取得多项竞争优势。这便是"双重收获"的目标，也可以说是数字化转型的理想形态之一，即利用数字引领企业进化。为了达成这一目标，首先必须熟练运用人工智能。

胜者往往在危机中诞生

那么，为什么要从现在开始布局人工智能的战略设计？因为必须赶在人工智能商业化之前。2020年正是产业构造迎来巨变的一年。

2008年9月，雷曼兄弟破产引发全球金融危机，并留下了巨大的伤痕。另外，2009年风险企业的收益十分显著。雷曼事件后，现有产业严重受损，智能手机和社交网络服务两大科技开始爆炸性普及，资金像流水一样涌入新兴服务行业。

2007年，初代苹果手机问世，2009年，苹果第三代（3G）手机发布，并正式进入普及期。智能手机的操作变得简单，使得脸书（已改名为"元宇宙"）能够从中获得收益。结果，GAFAM（谷歌、亚马逊、脸书、苹果、微软）极速成长，占领全球经济高点。

通过比较雷曼兄弟破产时世界公司的市值排行榜与2021年世界公司的市值排行榜（见表0–1和表0–2），就能发现只有微软公司一直在榜上。

表 0-1　2008 年世界公司市值排行榜

排名	公司名	市值（亿美元）
1	埃克森美孚	3 990
2	中国石油天然气	2 590

续表

排名	公司名	市值（亿美元）
3	沃尔玛超市	2 170
4	中国移动	1 960
5	宝洁	1 800
6	微软	1 760
7	中国工商银行	1 740
8	美国电话电报	1 670
9	通用电气	1 660
10	强生	1 640

表0-2　2021年世界公司市值排行榜

排名	公司名	市值（亿美元）
1	苹果	22 150
2	沙特阿美	18 520
3	微软	17 490
4	亚马逊	16 080
5	字母表（谷歌的母公司）	12 380
6	腾讯	8 430
7	特斯拉	7 510
8	脸书	7 350
9	阿里巴巴集团	6 880
10	台积电	5 470

新冠肺炎疫情孕育了新的互联网巨头

新冠肺炎疫情肆虐，世界经济遭受重创。新冠肺炎疫情的破坏力远远超过雷曼兄弟破产事件，所有线下产业被迫停工。

线上和线下的界限越来越模糊，令所有产业转型线上的后数字化时代的到来只是时间问题。只不过这种转型在新冠病毒的威胁下一气呵成，人们的价值观也随之变为线上优先。

与此同时，支撑线上优先的四大基础设施一同进入普及期：支持高速、大容量、低延迟、多设备同时连接的第五代移动通信技术（5G）已然完备；能够将所有事物连入互联网的物联网（IOT）已经实现；在无延迟的环境下进行虚拟交换的虚拟现实（VR）技术取得了巨大进步；通过将所有活动转为线上，以此获取庞大数据的人工智能变得更加聪明。

新冠肺炎疫情打破了现有的商业模式，在这一背景下，5G、物联网、虚拟现实、人工智能四大技术革命同时进行，这使得今后数年乃至10年内有很大概率诞生新的超级企业。2030年的世界市值排行榜中，应该会出现新的类似GAFAM的企业。

后数字化时代的线上优先与以往的线上商业模式不同，以往的互联网商业只在线上进行。借用软银集团的孙正义的一句话：虽然谷歌和脸书操控了整个广告市场，亚马逊破坏了现有的零售行业，但广告和零售行业约占美国国内生产总值（GDP）的比重只有1%和6%，在剩余的93%中多数企业仍采用的是前端数字化商业模式，而今后的数字化转型将变得更加正式。

但是，GAFAM五家企业仅依靠7%的转变，其市值合计就超过了日本部分上市公司的总市值合计。从某种意义上讲，新的GAFAM线上优先型企业必定会在剩余的93%中诞生。千万不要错过这样的机遇。

使亚马逊成为零售霸主的双重循环结构

战略的本质是简化战斗，即达到不战而胜的目的。而且，不能是一次性胜利，正确的战略是实现持续性的胜利。

但是，真的有能够实现不战而胜的战略吗？如果真的实现了，大家就都不用辛苦了。或许你会想："商业并没有这么简单。"但事实上，依靠压倒性的竞争力脱颖而出的企业，能够轻松地设计出持续制胜的方案，逐渐与其他企业拉开差距。

亚马逊就是最典型的例子。亚马逊懂得如何给用户带来满意的体验，并以此吸引客流，这样一来，售卖者不得不转战亚马逊，结果亚马逊的商品种类越来越多，用户的体验也越来越好。亚马逊创始人杰夫·贝佐斯深知这一循环带来的压倒性优势（如图0-1）。

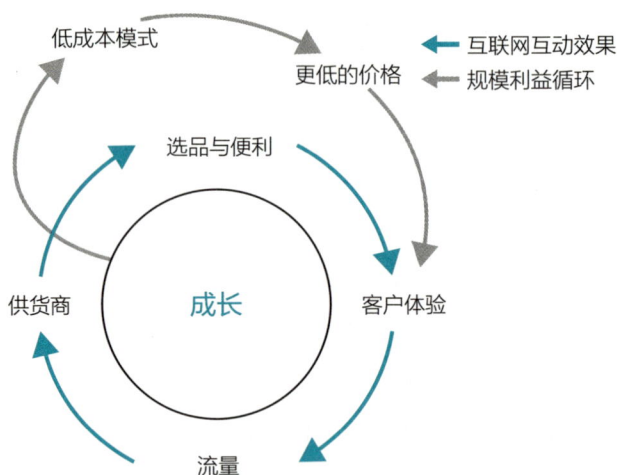

图0-1　杰夫·贝佐斯领导下的亚马逊商业模型

售卖者越多越能吸引购买者，相反，购买者越多越能吸引售卖者。这样的互联网互动效果一旦形成，就能建立良性循环，促进企业不断成长。另外，亚马逊利用这种互动效果能够轻松获取买卖双方的个人数据和交易数据，使用这些数据可以实现多种优化。如果将这种模式比作"收获农作物"，那么利用这一循环一定能够取得双重收获。

企业只依靠这种循环就能在当前的竞争中取得优势。几乎所有的企业引进人工智能后都会重复使用，并且都能够利用自动储存的数据，不断提高人工智能的精度，因此只建立单次循环就能取得这样的效果。但是，其他企业也能建立相同的收获循环，所以这种循环不能带来持续性的胜利。

那么，必须在暗处设计其他的循环结构。亚马逊之所以能够脱颖而出，正是因为除了外部的"互联网互动循环"，还有另一层隐藏在暗处的循环模式。如果第1层循环就能带来持续性成长，那么随着规模利益（规模经济）循环的运行，以及业务相关的各种数据的积累，就能构筑更加完整的"低成本结构"。亚马逊利用这些循环结构，实现了其他企业无法轻易模仿的"低价格"运营模式，进一步提高了用户体验。

亚马逊看似只是简单的电商网站，但实际上其背后是拥有庞大物流系统的实体商业帝国，只需扩大规模就能享受"规模经济"带来的价值，即降低每件商品的物流成本。

众所周知，在亚马逊网络服务（AWS）取得收益之前，亚马逊几乎没有盈利，只是一味地追加投资，改善物流系统。亚马逊正是利用双重收获循环带来的双重收获，才奠定了其稳固的地位。

以色列的风险企业为什么价值17 000亿日元

看到这里，或许有人会想："这是美国的亚马逊才能做到的事，我们不行。"但事实上也有这样的例子：利用双重收获循环，使只有600多名员工的企业价值达到17 000亿日元。

以色列的无比视公司（Mobileye）是一家利用车载摄像提供车辆检测及事故预防系统的技术型公司，其图像识别技术十分先进。特斯拉（Tesla）作为自动驾驶技术的先驱者，其自动驾驶装置采用的就是无比视公司的技术。无比视公司已于2017年被英特尔公司以17 000亿日元收购。

无比视公司不断进行路面测试，同时收集了大量有关路面情况的图像数据，然后利用这些数据在云端绘制高精度的道路地图，再利用道路地图设计事故预防系统，这些都是摆在眼前的价值。随着道路图像的积累，负责图像处理的人工智能不断强化，负责事故预测的人工智能的精度不断提高，这是第一重收获。随着行驶距离的增加，图像数据不断积累，人工智能也变得更加聪明，见图0–2中的收获循环①。

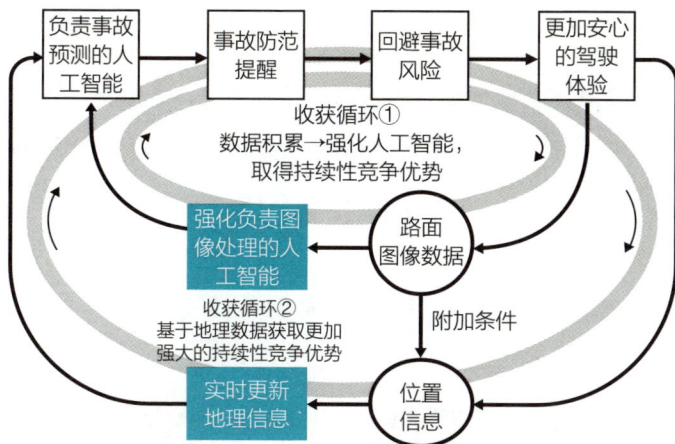

图0-2　无比视公司的"双重收获循环"

自动驾驶并不完全依靠图像中心进行处理。自动驾驶的基础是比人眼看到的道路更加细致的道路地图。除了画有车道线和标明行车道的道路、路边和人行道有明显高低差的道路、被护栏隔开的行车道等容易识别的道路外，还有很多难以识别的道路，以及在夜间、雨天和雪天，行车道变得模糊的道路。另外，在行驶过程中需要观察道路标志牌、车道线的颜色、信号灯、路口的形状、有无斑马线等更加细致的信息。而且，还有遇见道路施工，不得已改变行车路线，或者遇见堵车等需要停车等待的情况。因此，只有提高地图的精度，才能确保安全驾驶。

无比视公司利用储存的路面图像数据关联位置信息，实时更新高精度地图，构筑了远超其他企业的结构。地图精度和更新频率的提高，使得负责预测事故的人工智能的精度随之提高，见图0–2中的收获循环②。

提高精度能够减少沟通中的问题

无比视公司更厉害的地方在于构筑了其他循环。

近70%的汽车事故都是由错误的沟通导致的。比如，

14

自己变换车道的时候认为"侧后方车辆一定会减速",随即开始变道,导致事故发生。又如,当看见前方的车辆变入自己的车道时,慌忙踩了刹车,被后侧车辆追尾。

利用自动驾驶技术变换车道的时候,汽车会向周围车辆发出"我要开始变道了"的信号,如果能够确保对方看到信号后再进行变道,就不会出现危险变道的情况。

无比视公司收集了己方车辆的行动和对方车辆接收到的信号等数据,并利用这些数据提高模拟实验的精度。在模拟实验中,无比视公司利用有人驾驶的车辆来检验无人驾驶的车辆是否能够完成变道,同时收集了大量数据,如:无人驾驶车辆提前变道时,对方会在什么情况下踩刹车;注意对方的哪种行为,才能保证己方车辆的安全。这些数据能够减少人与人工智能的交流,构筑另一个循环。这也暗示了图0-2中存在第3个收获循环。

为了便于理解,这里只做最简单的介绍,但大家应该明白,无比视公司收集的数据远不止这些。无比视公司利用多个相互作用的循环,构筑了难以撼动的商业结构。

一个循环的精度提高,就能使企业获得更多的数据,以这些数据为基础进一步提高人工智能的精度,获得其他企业无法轻易赶超的强力持续性竞争优势，这就是收获循环的最终目标。

这里先提前说明一下，如果实际业务中的循环能够提高业务的精度，就能够控制风险，同时给新型保险商品的开发，以及投资、融资的判断基准带来革新。这样一来，就能建立保险商品和投资商品等金融科技的循环。

所有商业都可以依靠业务基础和金融基础的循环构筑双重收获循环，将竞争对手远远地甩在身后。这也是本书最关键的内容。

轻松赚钱是件好事

在制作自动运行的赢利方案（循环构造）时，笔者心中一直盘旋着一个疑问：最大的阻碍难道是日本人的勤劳？

日本人最好动手，很多日本人对"轻松赚钱"这一理念表现出强烈的抵触情绪。但是，优秀的战略、正确的战略，正是实现轻松赚钱的战略。自己动手并不伟大，设计出低成本、能够轻松赢利的方案，才是伟大的（省去的部分不需要人事费用，不仅能降低成本，还能最大限度地享受人工智能的恩惠）。

日本人原本就擅长在线下环境进行非常精细、高质量（噪声小）的作业。因此，如果日本人能够构筑线上收集数据的循环，并将这些数据交给人工智能，那么开发出的持续制胜的战略设计应该不会输给其他国家。因此，日本企业更应该毫不犹豫地推进数字化转型。

相反，如果现在还没有人工智能战略设计，那么"剩余93%"的世界就会被类似GAFAM的外资企业支配，日本企业或许只能沦为其他企业的承包商。

汽车产业的国际竞争十分激烈，这一点自不必说。因语言交流障碍而受到保护的日本市场，尤其是餐饮业、服务业、建筑业、运输业的企业以及其他中小企业和本地产业等至今没有和日本以外势力竞争过的行业，都迫切需要寻求变化。

现在，随着人工智能的商业化发展，日本市场中的语言障碍逐渐消失，如果没有自动运行的利益获取机制，总有一天会陷入价格竞争，造成无法避免的利益损失。

此外，如果建立两重、三重自动循环的模式，躲避竞争对手的追赶，就能有富裕的资金。如果将这些资金投资在别的地方，就能够支撑更多人的生活。

赚钱并不是坏事，或者说，如果赚不到钱，就无法帮助他人。所以，如果不能成为对别人有用的人，就必须努力赚钱，持续不断地赚钱。

本书的构成

综上所述，人工智能战略设计的第一步是设计"尽可能自动运作的赚钱方案"。首先是利用人工智能构筑收获循环。

本书的第1章以上述目标为前提，消除人们对人工智能的误解。人工智能化并非单纯的自动化，利用机器代替人类完成工作的概念是"数字位移"，并非数字化转型。数字化转型是人工智能能够辅助人类工作，提供更加舒适的工作环境，即构建被称为"人在回路"（人机闭环系统，Human-in-the-loop，HITL）的人类与人工智能的新的共生关系。

第2章通过一系列案例，说明了利用人工智能实现的各种"最终价值"，帮助大家理解人工智能的价值。这里介绍的案例应该能够帮助大家建立人工智能战略思维。

话虽如此，仅依靠人工智能带来的最直接的价值，无法在竞争激烈的市场中存活。为了在竞争中取胜，必须取得优势地位。例如，利用人工智能降低成本，是成本领先战略的最初目标。第3章深度发掘人工智能的战略设计作用，同时描绘了人工智能"单线循环"的作用。比如，利用怎样的人工智能实现怎样的价值？能够将竞争对手甩开多远？

但是，这样的胜利只是暂时的，并非永久性胜利。这只是让人工智能持续学习，不断提高精度的过程。第4章的主要内容是收集数据，构筑收获循环，利用循环实现持续性胜利。

构筑收获循环并不能一劳永逸，或许1年后仍会被竞争对手赶超。因此，第5章主要介绍了企业构筑循环后，如何在暗处构筑其他循环。无法从外部窥探的"双重收获循环"是其他企业不能轻易模仿的，当竞争对手发现隐藏在暗处的循环时，差距已经拉开，难以追上。

讲完收获循环的案例，接下来就该实际操作了。第6章围绕人工智能的独特项目管理，总结了项目经理应该掌握的要点。为了利用人工智能在竞争中取胜，请务必仔细阅读。

　　每一章结尾的专栏汇总了人工智能时代必须掌握的知识和关键词。"端到端学习""响应数据""饱和""数据通信网络效果""链接数据"等关键词，对于人们理解人工智能的新潮流有很大的帮助。

　　本书能够带你领略以少胜多、不战而胜的战略。希望本书中的收获循环能够为贵公司带来"多重收获"。

第 1 章

人工智能与
人类合作

人工智能协助人类，人类帮助人工智能强化学习

"由于人工智能能够代替人类工作，所以在不久的未来，人类将不复存在"，这不过是单纯的幻想。

当然，谁都能胜任的简单工作和重复性的工作，的确会逐渐被自动化取代。人工智能擅长多种人类工作，但只能替代人类工作的一部分，或者说，人工智能将人类从无聊的工作中解放，使他们有时间在更加专业化的领域里发挥自己的特长。

如果将工作中那些不需要动脑的日常作业，以及谁都能胜任的简单工作交给人工智能，不知大家意下如何？

假如上述假设成真，大家就有时间和精力去做只有自己才能胜任的工作，最大限度地发挥自己的才能。这关系到每个人的成长，甚至企业竞争力的提高。如果单纯地认为"人工智能=自动化"，那么自然只会朝着"降低成本→生产性能提高"的方向思考。而长远来看，人工智能将人类从无聊的工作中解放这件事，才有更加重要的意义。

总之，人工智能没有剥夺人类的工作，而是在协助人类工作。因此，人类有更多的时间做自己该做的工作，从

这一点来看，人工智能很可能会成为人类最好的伙伴。

此外，人工智能也需要人类。因为最初的人工智能并非100%的完成品，它们需要依靠数据才能成长。即使暂时使用人工智能，也能产生新的数据以强化学习，逐渐提高精度，这是人工智能与过去的互联网技术的本质差异。

使用人工智能就像是聘用并培训职场新人，随着经验的增长，这些新人会逐渐成为企业的主要战斗力。

或许你觉得人工智能不需要人类的帮助就能自主学习。但实际上，与培训新员工不同的是，人工智能必须获取合适的学习数据才能得到强化，这便是人类需要做的。如果人类不参与人工智能的学习，那么人工智能就不知道如何帮助人类，也不知道如何成长，人工智能最终会变成什么样，谁也无从得知。因此，只有在人类的教育下，最优秀的人工智能才能得以培育出来。

人在回路的研究

人类在人工智能的帮助下才能激发自己的潜能，人工智能在人类的教育下才能变得更加聪明。也就是说，人类只有和人工智能合作，才能体现出价值，人类和人工智能对立的想法已经过时了。

这种人类与人工智能的合作模式被称为"人在回路"（如图1–1），这与单纯的"自动化"不同，自动化适用的领域和人在回路适用的领域自然也不同。关于两者的差异，后文将进行详细说明。

人工智能　　　　　　　　　人类

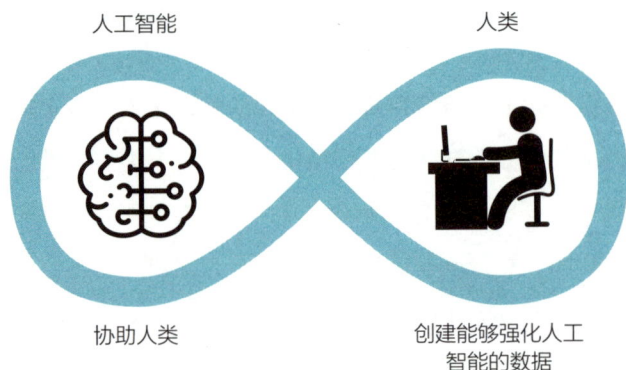

协助人类　　　　　创建能够强化人工
　　　　　　　　　智能的数据

图1-1　人类参与型的人工智能模型——"人在回路"

这里先简单介绍一下"人在回路"的基本模式（如图1–2）。请大家试想一种使用光学文字识别系统（OCR）扫描手写文字资料的字符串并提取原文数据的人工智能程序。

首先，为了让人工智能识别手写字符串，需要准备图

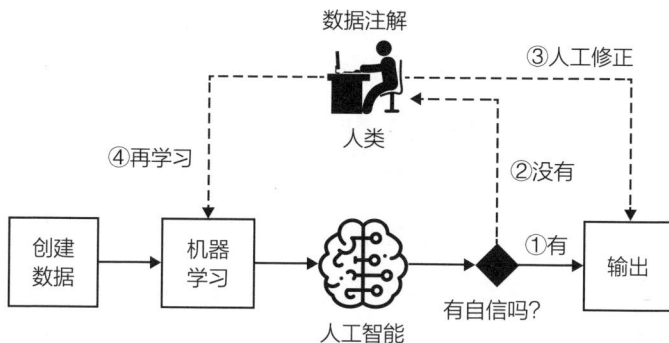

图1-2 "人在回路"的基本模式

像数据，而准备这些图像数据（教学数据）的正是人类。收集教学数据，然后让人工智能读取，再利用深度学习的方法让人工智能学习。随着学习内容的加深，当人工智能能够识别一定程度的文字时，就能投入实际应用。

但这一阶段中手写文字的识别精度并不高，人工智能无法识别字迹模糊、书写不工整的文字，以及原本就容易出错的字符串。假如人工智能只能正确识别70%左右的文字，那么剩下的30%则需要人类进行补充。

因此，需要重新对人工智能的信任度（识别的正确率）进行打分。例如：信任度高于98分的情况下，不更改人工智能的识别结果；信任度低于97分，则需要进行人工识别。也就是说，对于"有自信"的人工智能，人类不需要再次进行检查；对于"没有自信"的人工智能，必须重新检查，如果出现错误则需要修正。这一过程与人类自己动手相比，不仅节省了时间，也减少了成品的错误量。

人类和人工智能的协作不止如此，比如图1–2中的"再学习"。总之，人工智能只有再次学习由人类修正的数据，才能提高识别精度。为了让人工智能变得更加聪明，必须进行"再学习"。图中的一系列循环是人工智能学习过程中人类必须参与的部分，正如其名，人在"回路"中。

人在回路不仅改变了工作内容，还提高了每个人的生产效率

这一循环构造能够改变人类的工作内容，这一点不能忘记。以前的资料必须全部手工录入，而现在只需要确认人工智能是否出错，并修正错误的部分，因此工作量大幅减少。

如果人工智能的正确率达到70%，那么需要人类确认

的部分就只有30%。也就是说，利用"人在回路"，过去需要10人完成的工作，现在应该只需要3人就能完成。不仅如此，随着人工智能阅读速度的提高，虽然人数减少为3人，但每天处理的资料数量与过去相同。

另外，人们在使用人工智能后，会发现某些固定类型的手写字体经常出错，或特定的字符串（特定类型的资料，如固定住址和姓名等）容易出错等问题，而这种反馈循环有利于减少错误率。

这样一来，原本需要3人完成的检查工作，最终只需要1人就能完成，即一个人的工作量提高了2倍（生产率提高了2倍）。剩下的人可以做其他工作，或者不减少人员数量，以这种3人体制来安排工作，这样，在同样的时间内工作量提高了2倍。

说得更极端些，只需实现30%的自动化就能降低成本。例如：如果精度达到30%，人事费用降低30%，那么商业活动应该有足够的选择空间；如果将人员裁减30%，在工作总量不变的情况下，剩余70%人员的工作质量也不会降低。

进一步来讲，即使人工智能最初的正确率只有30%，它学习完人类做出的正确答案后，正确率就能上升至40%或50%，最终甚至达到80%。这样一来，需要人类检查的部分就只剩下20%，成本降低了80%。

这样一想，我们就能明白"精度太低的人工智能毫无用处"这种想法是错误的。低精度的人工智能也能降低成本，随着学习的深入，成本降低的效果会逐渐提高。

与人工智能合作不只是单纯地降低成本

但是，人类与人工智能合作的价值不只是降低成本。

这里以全球屈指可数的大型银行——汇丰集团有限公司为例。汇丰集团组织了上万名销售人员，参与贷款审查资料的录入工作，自引进人工智能，部分工作实现了自动化，其产生的效果不仅仅是降低成本。

从录入工作中解放出来的员工投入销售业务，提高了销售业绩。换句话说，数据录入对于销售人员来说只是多余的工作，如果省略这一步骤，他们就能专心去做自己的本职工作。

日本第一生命保险公司同样也进行了诸多改革（如

图1-3）。例如：将原本需要由技术人员完成的手续资料的录入工作交给人工智能——光学文字识别系统来完成；将其他工作交给机器人流程自动化（Robotic Process Automation，RPA）来完成。这样一来，员工们就能专心投入其他工作。

另外，堀田创办的Cinnamon AI公司也参与了这项改革。

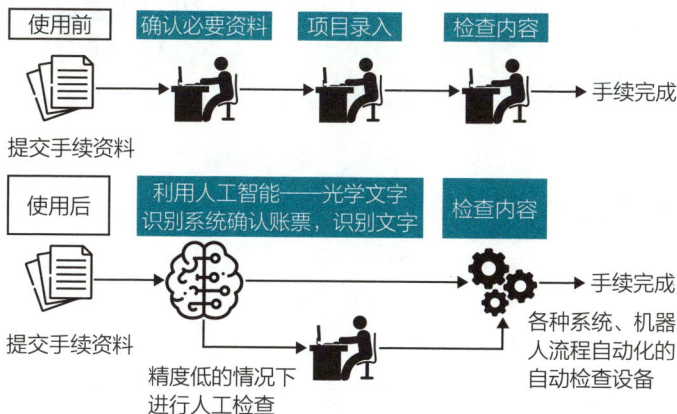

图1-3　人工智能与人类一起工作
（第一生命保险公司和Cinnamon AI的案例）

是完全自动化，还是与人合作

引进人工智能是为了实现全自动化，还是通过人类和人工智能的合作（人在回路）创造价值？图1-4的流程图能够帮助我们做出判断。

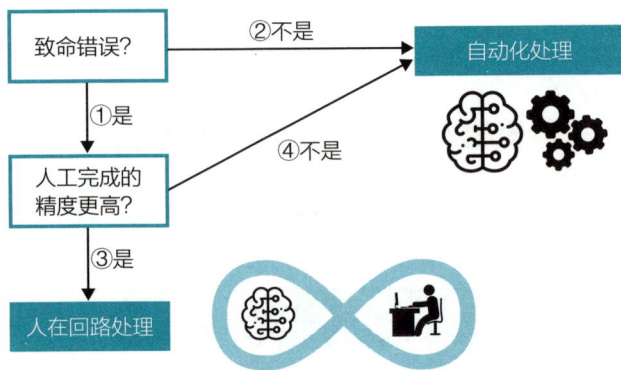

图1-4 "自动化还是循环化"的判断流程

第一个不同点在于如果人工智能出错，这一错误是否致命。如果只犯了一点小错就导致员工丧命，或者给企业的业绩带来巨大影响，那么依靠人工智能就必须承受巨大的风险。但是，世界上也有很多不会造成严重后果的错误。比如，即使谷歌的检索结果与自己想要的结果不同，也没必要斤斤计较。换句话说，在庞大的网络信息资源中，依靠自己的力量获取目标信息需要花费大量的时间，而随着自动化进程的推进，检索信息会变得越来越轻松。一般来说，在众多信息中寻找自己想要的信息时，不经过人类的帮助，由自动化系统独自匹配符合条件的信息，能够大幅提高检索结果的精度。

第二个不同点在于人和人工智能之间哪一方的错误率更低。如果在某一领域中，人类比人工智能的精度高，那么以目前的情况来看，这一领域不能实现全自动化，最好交给有人类参与的人在回路来处理更为妥当。

另外，即使是致命的错误，如果人工智能的错误率明显更低，那么慢慢地交给人工智能来处理更为合理，即所谓的自动化处理。

比如，自动驾驶技术在现阶段产生的事故风险，低于人类驾驶时的事故风险。英特尔旗下的自动驾驶技术领航企业无比视公司于2020年1月公布的数据显示，其自动驾驶车辆累计行驶距离为2 000万英里（1英里≈1.6千米），事故发生的数量屈指可数。

那么，自动驾驶车辆发生事故时应该由谁承担责任？是制造商还是司机？鉴于这一问题，以及被机器夺取主导权，从而产生抵触心理等因素，我们很难直接跨越到"等级5"的完全自动驾驶。因此，人们只能从维持车距和车道线的"等级2"开始，在高速公路等设限的情况下开启自动驾驶模式，然后逐步过渡到在一般道路上进行自动驾驶。

如果花费时间提升人工智能的等级，那么人工智能对于安全性能的理解也会加深。高龄司机频繁引发事故，致使很多人认为"人类驾驶反倒更加危险"，如果有这种想法的人不断增多，那么自动驾驶就能获得社会的认可。

因此，如果人工智能的精度远远高于人类，那么即使有可能出现致命错误，人类也会让人工智能独自完成工作，这种想法是理所当然的。

人在回路的三种模式

总之，在人在回路的方案中，如果人工智能无论如何都无法达到业务和客户要求的水平，则需要由人类来填补差距。因此，如果客户要求的水平或项目所需的水平为

100%，而人工智能的精度为80%，那么剩下的部分需要由人类来完成。

　　填补这一缺陷的方法大致分为三种模式（如图1-5）。

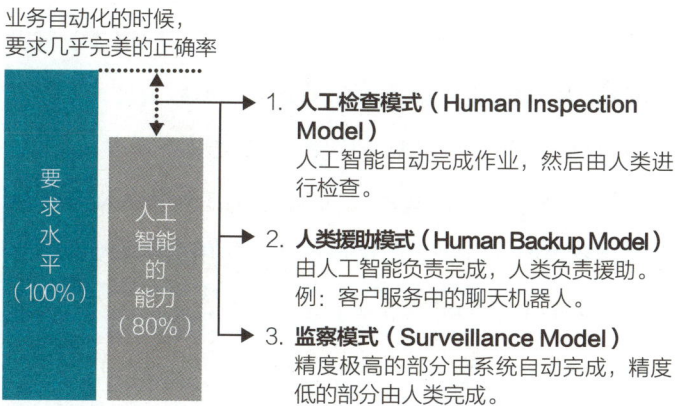

业务自动化的时候，
要求几乎完美的正确率

要求水平（100%）　人工智能的能力（80%）

1. **人工检查模式（Human Inspection Model）**
   人工智能自动完成作业，然后由人类进行检查。

2. **人类援助模式（Human Backup Model）**
   由人工智能负责完成，人类负责援助。例：客户服务中的聊天机器人。

3. **监察模式（Surveillance Model）**
   精度极高的部分由系统自动完成，精度低的部分由人类完成。

图1-5　人在回路的三种模式

　　第一种是"人工检查模式"，即由人类负责检查人工智能是否出错。比如，提取手写申请表上的客户住所、姓名、电话号码等个人信息时，如果人工智能的精度为80%，那么必须由人类再次检查手写文字和数据是否一致，检查完成后方可使用。

　　但是，人类不需要全部手工录入，检查并修正的过程不会耗费很多时间。即使需要修正的部分占到20%，剩余的80%需要浏览一遍，效率也非常高。

第二种是"人类援助模式"，即背后有专人负责，在人工智能无法应对的时候由人类出面解决。这种模式经常用于聊天机器人。由机器人解答FAQ（常见问题解答）范围的问题，机器人无法解答的问题转交给客服人员。即固定类型的问题交给人工智能，其余问题交给人类。

第三种是"监察模式"，即发现人工智能面对某个现象产生犹豫时通知人类。这里以非法使用信用卡为例：在对比过去的事务（交易数据）时，怀疑客户可能存在非法使用的行为，如果这时突然剥夺客户的卡片使用权，则会给客户带来非常恶劣的影响，明显属于非法使用的情况除外，因此在无法断定是否违法的情况下，必须由人类进行处理。换句话说，确定的情况下由人工智能停止交易，不确定的情况下由人类进行判断。

人工智能判断的可信度由可信度得分来评判，同时设定每一个分段的处理方法，如分数为70的时候如何操作，分数为50的时候如何操作，并以此来决定使用人在回路的三种模式中的哪一种，或者哪两种，甚至三种模式组合使用。

不存在精度100%的人工智能

纵使人类很优秀，也必须使用人工智能，这一点大家一定要明白。这里重申一下，即使人工智能的精度只有30%，剩余的70%需要由人类完成，也能够降低成本。

当领导询问"低精度人工智能存在的意义"时，为了明确给出肯定的答复，我们要理解人在回路的概念。

遗憾的是，很多人都觉得"精度没有达到100%的人工智能毫无用处"。这并不是日本人不懂互联网技术，笔者在新加坡的银行讲解人工智能的时候，也得到了同样的答复。只要存在这种想法，就无法使用人工智能，因为不存在精度100%的人工智能，人工智能只有通过不断学习才能提高精度。

"只能达到要求水平的30%，这样的人工智能毫无用处"，如果抱有这种想法，那么就会陷入进退两难的境地。我们应该这样想：现在的人工智能已经能够降低30%左右的成本，随着学习的不断深入，人工智能的精度还会不断提高，降低成本的效果也会越来越好。更重要的是，利用收获循环能够在中长期内达到不断提高降低成本的效果，这一点会在之后的章节中进行说明。

因此，人在回路的观点对于让决策人——首席信息官（CIO）接受人工智能尤为重要。如果想要劝说领导，就必须深度理解"人工智能与人类的合作关系"。

使专家的能力最大化的"专家回路"

虽说人工智能与人类是合作关系，但人在回路强调的是"人类协助完成人工智能无法完成的部分"。如果人工智能随着学习进程的加深而变得更加聪明，那么人类的协助工作便会逐渐减少。自动化导致人类以往的工作被替换，多数情况下，人在回路容易让人联想到降低成本和业务效率化。

但是，人工智能带来的价值不止如此。对于原本附加价值较高的稀有人才（例如律师、会计、建筑师、医生、工程师、研究人员、合规经理等被称为"专家"的高级技术人员）来说，人在回路的意义远远不止降低成本。

首先，人在回路对于专家本人来说具有很大的价值。无论是律师、建筑师，还是医生，为了磨炼专业技能，他们必然会从事相应专业的工作，但有时不得不将时间浪费在无聊的日常业务中。"真的有必要做这种无聊的事情吗……"他们即使有这种想法，也没有能够替代自己的人，最终还是得自己来完成。例如接受诉讼委托，但不得已进入自己不擅长的领域（如擅长刑事案件的律师参与离婚诉讼等），这种事专家们都经历过。

但是，如果将70%左右的简单工作交给人工智能来做，专家们就能够专心投入自己擅长的领域，提高自己的专业技能，很多人都觉得这么做是有价值的。

另外，如果由律师本人来完善人工智能学习数据（附带标签的注解等），那么无论多难的案件，人工智能都能轻松学会，这样一来，人工智能的精度就会不断提高。

正因为需要专业知识，所以能否在无法通过众包①订购大量注释工作的领域构筑这一学习循环，就显得尤为重要。

这种辅助专业人士的类型被称为"专家回路"（Expert-in-the-loop，EITL）。专家回路的价值在于通过将专家从

---

① 众包：指一个公司或机构把过去由员工执行的工作任务，以自由自愿的形式外包给非特定大众志愿者的做法。——译者注

专业领域以外的杂务中解放，让他们进入属于自己的专业领域，获取远高于降低成本的效果。

高等专业服务变得民主化

专家回路的价值不仅仅在于使用人工智能的一方，享受专家服务的用户也能得到极大的实惠。

如果将律师的效率提高100倍，用户们就能享受价格非常低廉的法律服务。例如，几乎所有人都不会完整地阅读智能手机和网络服务的协议条款，但如果花费100日元就能够获得律师的保证和有关注意事项的解说，那么应该有人乐意使用这种服务。

如果法律服务的价格降低，法人们也会更加频繁地寻求法律服务。企业的大多数合同都是由企业内部的相关事业部决定的，这种合同中经常混杂着许多被忽略的风险因素。如果能够花费少量的金钱利用人工智能审阅合同，就能回避这种风险。总之，过去只有少数人才能使用的法律服务，将变成大众化的服务项目。

会计服务、医疗服务、工程技术等多个领域都是如此，专业知识"民主化"的恩惠将传遍全球。对于专业人士来说，积累符合专家回路且附加价值较高的数据，就能给社会带来巨大的贡献。

实际上，日本也有叫作Cotobox的商标注册服务。这项服务的背后是众多类似商标检索的人工智能系统，这一系统的功能类似于专家回路，能够将每名代理人的生产效率提高10倍以上。

如果让专家进入人工智能的学习周期，将获得远大于成本降低的好处。有的人专门引进人工智能技术，目的只是缩小经济规模，保持收支平衡。如果他们知道专家回路，应该就会改变原有的认知。

重要的是即使不懂技术，也能在对应的领域发挥杠杆作用。理解了这一点，就能将企业内部稀有人才的价值最大化。

与其将企业内部的业务整体效率化，不如利用人工智能辅助附加价值较高的专家，这样才能有效提高竞争力。学会这种思维方式，就能明白设计人工智能战略时的优先顺序。笔者希望大家现在立刻开始行动，一定要走在竞争对手的前面。

将用户纳入人工智能学习过程的"用户回路"

人工智能与人类的合作不只限于企业内部人才和专家，还有通过用户提高人工智能的精度的"用户回路"（User-in-the-loop，UITL），谷歌翻译右下角的翻译结果按键就是这种模式的典型案例（如图1-6）。

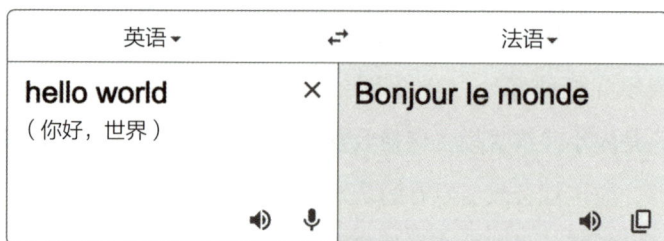

英语 ▾	⇄	法语 ▾
hello world （你好，世界）	✕	Bonjour le monde
🔊　🎤		🔊　▢

根据复制键来判断是否"可以使用或正确"。⌐

图1-6　谷歌翻译中的"用户回路"

过去，谷歌无从得知用户是否采纳了谷歌翻译的结果。然而现在，谷歌利用复制按键来了解用户是否采纳了翻译结果。如果翻译结果被复制，则视为该翻译结果正确（或可以使用）。谷歌将判断翻译结果正确与否的权利交给了用户，与此同时，人工智能也能获得大量的学习数据。

另外，用户如果对翻译结果不满意，为了让人工智能明确主语和谓语的关系，将文章表现得更加简洁，有时会重新录入类似的语言。这样一来，用户在没有使用复制键的情况下重新输入的字符串就成了修正翻译结果的训练数据。这就是用户回路的作用。

虽然设置了复制键，但谷歌并没有强迫用户。对于复制粘贴翻译结果的人来说，一键复制更加便利，这只不过是数字化转型（用户体验）的改善。但是，着眼于长远，这种自然积累训练数据的模式十分优秀，也很符合利用数据获取收获的"收获循环"的观点。

让我们来看另一个有关用户回路的典型案例，这是一个关于特斯拉的案例。特斯拉的"自动驾驶装置"水平较高，其技术已经能够实现自动驾驶，但根据各国的规定，仍需要人类驾驶员的辅助操作。

自动驾驶模式利用图像识别来分辨红、绿信号灯，并进行加减速控制。但是，有时会遇到因光线反射无法清楚分辨信号灯颜色的情况。同样，人眼也会在周围光线和角度等条件的制约下出现难以分辨的情况。

假如人工智能认为信号灯的颜色是绿色，但人类驾驶员踩了刹车，那么特斯拉就会收到反馈，然后根据具体情况来调节图像识别的精度。

也就是说，特斯拉在用户不知情的情况下收集了驾驶途中的学习数据。另外，还有一个关于用户回路的典型案例，即通过用户的行动来强化人工智能。

就像之前提到的，虽说人工智能和人类是合作关系，但相关人员能够使这种合作关系产生变化。但是，无论使用哪种模式，自动积累人工智能学习数据的循环都是人工智能战略设计的核心，这一点请大家务必理解。

接下来在第2章中，让我们来看看构筑收获循环的基础。

专栏

人工智能从水平分工到垂直统合：端到端学习

将现有的功能进行组合就能立即投入使用

为了让人工智通过学习变得更加聪明，必须构筑提供学习数据、获取成果的循环结构。笔者将这一过程称为"收获循环"，并以尽快建立循环为目标。

另外，正如上文所说，人工智能已经实现商业化，任何人都能轻松使用。现在，各种可以使用的人工智能模块已经被公开，只要将这些模块组合，就能轻松享受人工智能带来的便利。为了尽快完成收获循环，必须从有价值的应用程序接口（Application Programming Interface，API）和程序库中获取所需的功能，然后像组装乐高模型一样，将它们组合在一起。只需如此，就可以运行收获循环。

人工智能的世界以速度取胜，因此越早引进人工智能模式越有利，后文会进行详细说明。最初，可以先借用应用程序接口和程序库中有价值的功能，让人工智能模式开始运作，如图1-7的左侧。这里以依靠光学文字识别读取数字化手写资料的人工智能为例。如果纸质资料的图像数据发生倾斜或错位，首先必须将其摆正（图像标准化），接着分析资料的布局设计，掌握资料中左侧的物品名称，以及右侧的数量、单位价格（单价）、总额（布局分析）等信息，然后读取文字和数字（光学文字识别），再将获取的数据按照"名称""数量""单价""总额"等进行分类整理（数据整理）。通过这4个步骤，将整理好的（构造化的）数据导出，并移交给下一个模块。

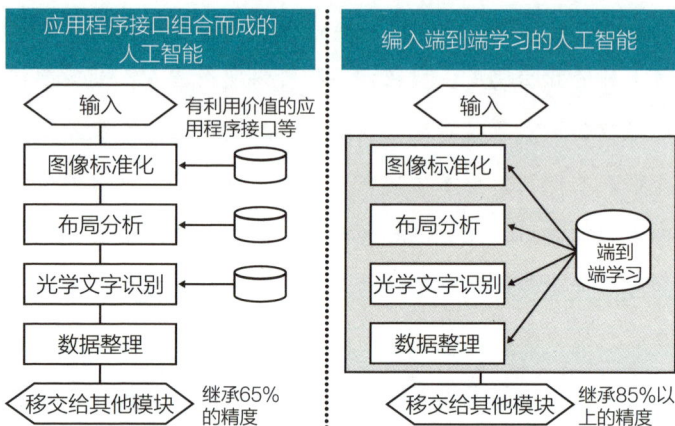

应用程序接口组合而成的人工智能	编入端到端学习的人工智能

输入 —— 有利用价值的应用程序接口等

图像标准化

布局分析

光学文字识别

数据整理

移交给其他模块 —— 继承65%的精度

输入

图像标准化

布局分析

光学文字识别

数据整理

端到端学习

移交给其他模块 —— 继承85%以上的精度

图1-7 单一的应用程序接口组合与端到端学习

　　以谷歌为首的大型企业公开了已经完成学习，具备了多种功能的有价值的程序库，我们只需要在其中选择口碑较好的模块即可。将借来的模块组装在一起，就能制作出精度达到65%的人工智能。每100个中就有65个能够正确实现数字化，这与全部由人类完成相比，负担大幅降低。这是一个多么便利的时代啊！

　　话说回来，这种方法不能让人工智能变得更加聪明。公开的程序库只能提供某些特定的功能，几乎没有再学习功能。

正是因为人们想要更进一步使用人工智能，并进行细微的调整（微调），才得以让人工智能变得更加聪明。如果人工智能最初没有这种再学习功能，就只能保持65%的精度。笔者原本的计划是利用循环模式自动收集学习数据，让人工智能完成再学习，从而提高精度，但如果没有再学习的功能，人工智能的精度就永远无法提高。

而且，大家都可以借用公开的程序库，也就是说其他公司也能够培育出功能完全一样的人工智能。如果人工智能利用自己企业的数据完成再学习，或许还能产生差异，但如果不能，很快就会被其他企业赶超。

或许，公开程序库的企业会继续进行内部再学习，不断提供更高精度的数据库。即使如此，这对于自己企业来说也是局部最优，例如，光学文字识别的精度从80%提高到90%，并不意味着整体精度的提升。

端到端学习必不可少

因此，接下来需要构筑属于自己的人工智能模式。如果不使用借来的模块，就能从头到尾一气呵成，训练出属于自己的人工智能，这就是所谓的"端到端学习"。端到端学习是构筑收获循环的前提。

总之，一开始速度胜于一切。先将可利用的应用程序接口和数据库组合，建立人工智能模型（如图1-7）。当模型组建完成，形成循环并获取数据时，必须尽快将这一循环模式导入自己的人工智能系统中，再利用端到端学习来培育人工智能，形成这种两段式的构造。

依靠借来的模块或许能够取得一次性胜利，但那是谁都能介入的红海①，这种胜利只是暂时的。想要取得持续性胜利，就必须独自开发属于自己的系统。

虽说是开发自己的系统，但不需要完全由自己的企业开发。利用开发源代码能够大幅缩短开发周期，借助外部供应商，就不用大量聘请技术人员了（请参照第6章）。

端到端学习的好处在于一开始就以全局最优为目标。在上面的案例中，只要最终读取的手写文字正确，就能够忽略其他各部分的精度。

例如，最终的目的是提取账单和发票的合计金额，

---

① 红海：指已知的市场空间。——编者注

然而光学文字识别的精度很低，无法分辨拉丁字母"O"和数字"0"。那么，即使最终将拉丁文字母"O"全部识别为数字"0"，只要合计金额的准确率为100%就不成问题。这种情况下，如果只出现将拉丁文"O"误识别为数字"0"的问题，那么最好不要过于在意个别功能的好坏，因为使用人工智能模型可以使整体的精度最大化。

能够实现这一目标的方法正是端到端学习。只有根据自己的目的进行培育，将收获的数据交给自己开发的人工智能，并进行再学习，才能提高人工智能的精度。如果最终能够制作出精度超过85%的高精度人工智能系统，就能在精度方面超越利用借来的模块组建系统的对手20%。精度的差异以及成本竞争力方面的优势地位，会使人工智能的服务质量产生差距。

仅依靠应用程序接口和程序库的组合，无法实现战略设计的差异化，只有端到端学习的方法，才能让你在今后的竞争中获胜，这一点必须铭记在心。

日本依靠擅长的垂直统合模型取胜

对比图1–7的左右两侧，或许有人能够想起曾在日本电器制造商和电子工业领域掀起惊涛骇浪的水平分工。右侧的图让人联想到以"系列"为代表的日本产业构造。过去，日本产业的总承包商和承包人、转包人之间联系紧密，他们在进行细节磨合（磨合=微调）的同时，以全局最优为目标，不断向全球输送高质量的产品。20世纪90年代，泡沫经济崩溃以前的日本一直在胜利的道路上前行。

相反，欧美各国将各个部分模块化，并在全球挑起了横向竞争。最具代表性的当属电脑产业，当时相当于电脑大脑的中央处理器（CPU）产业被英特尔掌控，计算机基础软件的操作系统产业被微软公司掌控，日本公司被排挤出最赚钱的阶层，彻底沦为了"装配工"。更有甚者，之后连装配工的位置都被中国的新型制造商取代。

如今，同样的事情再次出现在人工智能领域。就各个模块的性能来说，日本很难与资金实力雄厚、开发能力强大的GAFAM等大型企业抗衡。这些企业提供的高性能标准品，能够组合出具有一定精度的人工智能，这种人工智能既方便，又有高性价比。但是，使用这种人工智能的结果只会让日本沦为利润单薄的"装配工"。这是在水平分工的竞争中，曾经的日本企业走过的路。

对此，全部由自己控制的端到端学习是日本最引以为傲的垂直统合模型。

习惯了标准化竞争的GAFAM强化了个别功能，占领了水平分工后的市场。在这样的市场中，只有使用自己的应用程序接口才能取胜，这就是他们的竞争手段。例如在混战中依靠雄厚的资金实力，投入大量优秀人才，买通竞争对手，展开物力角逐，并取得最终的胜利。因为他们知道一旦占领市场，无论投入多少资金都能够回本。

另外，如果日本企业顺从他们的逻辑，就会沦为"客户"，前途一片渺茫。直到制作出标准化的模块前，或许都无法与GAFAM抗衡。但说得极端些，如果将功能缩小到"只需准确地读取数字和逗号，以及日元的数量单位"，就能独立制作出精度远超泛用型光学文字识别的系统，这才符合我们的目标。然后一个接一个地开发必要的功能，利用端到端实现全局最优。如果能够做到这些，就应该有十足的把握取胜。

这样一来，日本企业就能发挥原本的优势。这是我们必须做到的。

第 2 章

利用人工智能能够实现什么

"只有专业人员才能理解人工智能"的谎言

现在已经不是讨论人工智能可行性的阶段了，而是使用人工智能实现某种目标，构筑某种商业模式的阶段。

正如笔者在第1章中提过的，即使不懂技术，只要接受了人在回路的思考方式，就能让人工智能融入企业的战略设计。现在的商务场合有很多值得我们学习的案例，我们可以一边学习其他公司的案例，一边考虑如何应用到自己的企业中。

图2-1a和图2-1b中将CB INSIGHTS研究公司公布的"人工智能初创企业排名前100名"进行了分类。图2-1a是2017年的名单，图2-1b是2020年的名单。笔者希望大家不要只关注企业的名字，还要注意企业所在的领域。

2017年，人工智能的初创企业涉及"对话机器人""图像""自动化""机器人学""网络安全"等领域。而到了2020年，人工智能成为市场的一部分，涉及"医疗保健""金融和保险""物流""批发和零售""政府和城市规划""媒体和娱乐""教育"等领域。也就是说，数年前的人工智能技术只达到了一般水准，而现在已经成为一种商业现象。多种

图2-1a　2017年人工智能初创企业排名前100名

图2-1b　2020年人工智能初创企业排名前100名

调查研究显示，这样的案例正在不断增加。

反过来讲，在哪个领域开展怎样的商业活动，基本上已经确定了。如果自己的企业从事的是教育事业，那么最好先研究这一领域的案例；如果是医疗保健行业，可以从某种程度看出哪一种模式能够取胜。虽然这里只列举了100家企业，但初创企业势头迅猛，全球共有超过500家，如果能够深度发掘其中的案例，就能在设计战略时得到启发。

重要的是，即便自己的企业没有人工智能的技术人员，也不能找借口说自己不懂人工智能。作为纯粹的商业战略中的一环，能否熟练运用人工智能已成为重要课题。

人工智能能够实现的5个最终价值

事实上，如果分析全球的人工智能案例，就能发现人工智能的价值集中体现在5个方面，本书将这5个方面称为"最终价值"（End Value），即人工智能能够用来做什么？结果又能实现怎样的价值？

如图2-2所示，我们按照顺序来看。

①提高 销售额	②降低 成本	③风险或 损失预测	④提升 用户体验	⑤加速 研究与发展

首先考虑利用人工智能能够实现怎样的价值

图2-2　值得思考的5个最终价值

　　第1个价值是提高销售额。先来看一个在亚马逊等电商站点提供推荐商品服务的案例。设置推荐引擎，就能让销售额提升10%，甚至20%。然后，继续跟进购买了商品的顾客，并推送"购买这件商品的人也购买了那件商品"，这样就能进一步提高销售额。当然，跟进工作也是由个性化人工智能完成的，能够针对不同用户给出不同的建议。

　　第2个价值是降低成本，例如原本需要1 000人完成的工作，如果能够实现30%自动化，就能够节省300人份的人事费用。这一点笔者已经在第1章进行了说明。

　　第3个价值是风险或损失预测，这么做的目的是预测问题发生的可能性，将损失降至最低。例如，发现工厂机器的马达发出异响，通过这种异响做出判断："马上就要出故障了，必须立刻更换零部件。"这样一来，机器不需要停止生产工序，更换零部件后就能立即恢复运作。

　　第4个价值是提升用户体验，即利用人工智能提供更加优质的服务，吸引顾客，防止顾客流失。例如购买保险，或是申请信用卡的时候，很多人觉得手续过于复杂，随即想要放弃。然而，利用聊天机器人能够简化申请手续，这样或许能够增加申请人数。

第5个价值是加速研究与发展。例如，老字号的研究开发企业过去应该进行过很多实验，但大多数企业没能充分利用这些知识。现在，图书室里堆满了十几年前的手写论文，正是因为没有实现数据化，或者无法检索数据化的数学公式和化学式，人们才需要去图书室里查阅资料。如果利用光学文字识别系统将这些资料数据化，实现全文检索，人们就能够节省很多时间，而自动化能够完成很多类似的工作。

人工智能战略设计的基础构筑

图2-3对5个最终价值进行了分类。横轴是人类的参与度，越向左侧，"自动化"的要素越强，越向右侧，"专家回路"的要素越强。中间则是"人在回路"的案例。

下面来看关于这些分类的案例。首先笔者想说的是，这张图并不是最终目标。正如前文所述，为了进行人工

最终价值 ←	自动化		人在回路		专家回路 →
①提高销售额	推荐 亚马逊 银蛋科技	顾客融入	销售强化 Salesforce Gong.io		
②降低成本	机器人流程自动化 Uipath Automation Anywhere		自动化+人工检查 WorkFusion Cinnamon AI	智能工具 LawGeex	诊断 SkinVision Aerodyne
③风险或损失预测	故障防止 德勤	实时监测	资产管理 WealthNavi	信用评分 蚂蚁集团	合规 Fenergo
④提高用户体验		聊天机器人 Lemonde	客户支持 Drift	个性化 蔻驰	
⑤加速研究与发展			知识发现 昭和电工 Cinnamon AI	模拟数字孪生 Exscientia　英伟达	

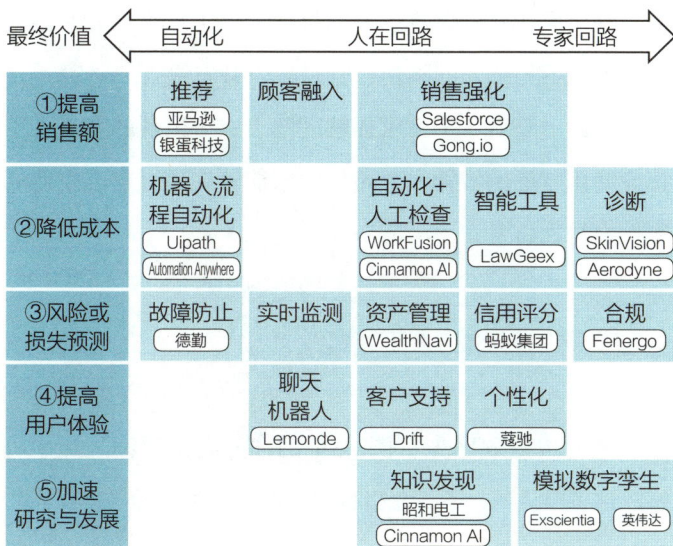

图2-3　按照最终价值将使用人工智能的案例进行分类

智能战略设计以获取持续性胜利，必须构建二重、三重收获循环。这里介绍的案例只是建立单次循环的"材料""素材"。

　　为了实现人工智能的价值，并赢得持续性胜利，必须建立能够让人工智能自主学习的自动化构造，通过这样的构造培育人工智能，建立能够实现持续性胜利的收获循环。

　　这才是最终的目标。因此，如果只停留在"最终价

值"的层面，就会偏离原有的目标。这也是喜欢分题论述
的日本人容易陷入的圈套，所以必须事先说明。

因此，笔者希望大家能够理解下文中出现的有关人工
智能使用方法的案例，也希望大家能够在适合自己企业的
案例中得到启发。

能够提高销售额的人工智能

笔者按照顺序先从图2–3中的"提高销售额"开始讲
解。这里再强调一下，表格越向右侧，人类的参与度越高。

推荐

说到让销售额直线上升的自动化案例，前面已经提过
的亚马逊的产品推荐就是典型：由人工智能自动计算访问
店铺网站的用户的兴趣和爱好，并按照这些兴趣爱好推荐
商品，通过这一手段，让客户购买原本没有计划购买的商
品，增加销售额。

这也是银蛋科技（Silver Egg Technology）等一些深藏
不露的企业常用的手段。

顾客融入

自动化方案中，最近开始流行的"顾客融入"是指能够与顾客建立信赖关系的自动化模式。

顾客了解商品和服务后，就会比较并探讨类似的商品和服务，然后进行购买。企业有时需要设计一些流程（顾客体验历程），才能让顾客成为回头客，提高顾客购买率，例如发送邮件、推送个性化通知、设置登录页面等。抓住一切机会接近顾客，如果能够实现最优化，就能提高销售额（如图2–4）。

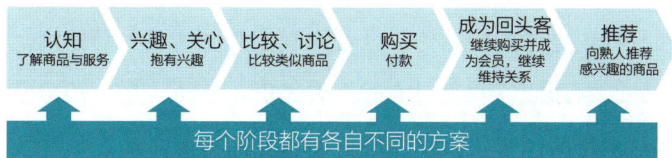

| 认知 | 兴趣、关心 | 比较、讨论 | 购买 | 成为回头客 | 推荐 |
| 了解商品与服务 | 抱有兴趣 | 比较类似商品 | 付款 | 继续购买并成为会员，继续维持关系 | 向熟人推荐感兴趣的商品 |

每个阶段都有各自不同的方案

图2-4 顾客体验历程与顾客融入

这是一种特殊的风险企业经营模式，实际上，这种制造商与消费者直接接触（Direct Consumer）的电商模式型的企业是再平常不过的。

强化销售

强化销售的意思是利用人工智能辅助并强化销售部门，因此必然需要利用"人在回路"或者更高级的"专家回路"的方案。

最先做到这一点的是赛富时公司（Salesforce）。他们利用软件即服务（Software as a Service，SaaS），在辅助营业方面令其他企业望尘莫及。Salesforce的人工智能"爱因斯坦"可以告诉销售人员如何接近顾客。例如，对方是华尔街的金融人士，那么《纽约时报》上刊登的人事信息中或许有晋升的机会。因此，"爱因斯坦"会给出"这个人或许正在考虑换工作，试着询问相关的话题"等建议。另外，它还能够收集对方的个人经历、公司信息，甚至博客和推特的内容，这样一来，初次见面也像是认识了许久一样。这就是Salesforce的手段。

自动化还有发掘潜在客户、向潜在客户拨打电话等功能，留给人类的工作就只有和对方通话（接触管理），以及会面（现场营销）。接触管理一般会外包给客户服务中心，所以销售人员只需要专心会见客户，促成合同签订。

2020年8月，一家名为Gong.io的以色列人工智能公司筹措2亿美金开展提高营销电话效率的服务。新冠肺炎疫情出现后，利用中目（ZOOM）等云视频会议软件进行线上营销的案例不断增多，但Gong.io公司听完营销话术后能够给出反馈意见："这个人的营销话术存在问题，这种说话方式需要改变。"

如图2–5所示，过去，为了培养1名优秀的销售人员，业绩突出的前辈会聆听后辈的营销过程，并直接给出反馈意见，告诉后辈什么时候该说什么话，面对怎样的人该说怎样的话。对此，Gong.io公司进行了改革，由自动化来完成培育人才的一部分流程，让业绩突出的销售人员专心投入业

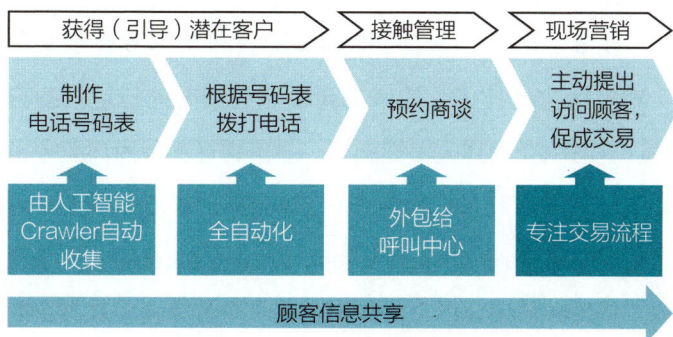

图2-5　营销人员工作内容的改变

务。这样不但能够提高销售额，还能积累有关营销话术成功案例和失败案例的数据。为了使符合客户胃口的营销话术脚本变得更加严谨，Gong.io提出建议的能力也在不断改进。

实现降低成本的人工智能

接下来，我们按照从左到右的顺序来看图2–3中有关"降低成本"的案例。

业务流程重组（全自动化）

为了实现业务效率化而实行的全自动化让很多人回想起"业务流程重组"。

让复制Excel的数据并制作其他文件等重复性的工作实现自动化的技术，几乎都是按照规则库进行记录的程序，有时也会用到人工智能。企业招聘等各种内部业务也都引进了机器人，并取得了一定的成果。类似机器人流程自动化软件公司UiPath和Automation Anywhere的独角兽企业（估值10亿美元以上的初创企业）纷纷登场，这类企业专攻业务流程重组。

智能自动化+人工检查

自动化最大的敌人是差错。

例如，利用人工智能光学文字识别系统自动读取机动车驾驶证等文件时，正确率几乎可以达到100%，但是不同企业的文件类型并不一致，读取时一定会出现差错。这种情况下，不能正确读取的部分必须由人类进行检查，但与商务流程外包公司将这些业务全部委托给其他国家的公司进行全手工录入的时代相比，这项工作需要的人手明显减少了。

过去需要1 000人录入的工作，现在只需要500人，而且这500人只需要检查不能正确读取的部分，这就是以降低成本为目标的人在回路型方案。美国的机器人流程自动化独角兽公司WorkFusion非常有名，可以说已经进入机器人流程自动化2.0时代。

堀田创办的Cinnamon AI公司的产品也很擅长这种模式，他与日本第一生命保险公司一同建立了人工智能光学文字识别系统的基础型，并提倡自动识别不同医院的诊断书，以及需要本人确认的健康保险证明。

专家们的智能工具

以色列的法律科技公司LawGeex专门为律师提供合同审核服务。虽然人工智能不能回答"合同第8章中的这个单词是什么意思"等问题，也不能逐一确认"第2章中术语的含义"，但只要将鼠标指针悬停在某个单词上，就能自动弹出单词的意思。

虽然这项服务不能完全取代律师的审核业务，但律师们不必再逐一检索每个术语的含义，这样一来，就能大幅缩短审核时间。律师们不必再做枯燥的检索工作，可以专心从事判定风险等必须由人类完成的工作。而且，随着律师们的使用，人工智能的精度会不断提高，审核效率也不断上升。这正是利用专家回路改善律师工作的典型案例。

另外，从法律服务使用者的角度来看，审核工作变得简单，例如原本法务需要5个工作日进行确认，现在人工智能只需要几分钟就能完成，现场完成审核的案例正在不断增加。即使必须由法务进行审核，决策的速度也有显著提升。

着眼长远，在律师事务所和会计师事务所的工作中，收集、整理数据的工作都将被人工智能取代。实现这一目标的第一步是自动提取大量合同中的引用关系，提高工作效率，这也是现阶段的工作核心。

随着成本和价格的降低，无论大型企业、中小企业，还是个体户，都能使用法律服务和会计服务。

使用人数的增加导致待审核文件随之增多，人工智能辅助判定固定类型文件的风险范围也会不断扩大。如果能够预测风险，或许还会出现针对不履行合同等情况而设计的保险产品。这样一来，人工智能能够参与的工作范围将继续扩大。

诊断

另一个有关利用专家回路降低成本的案例中，"诊断"这一巨大的领域正在扩大。

最容易理解的是医疗图像诊断。如果利用人工智能识别计算机断层扫描和核磁共振的图像，辅助医生进行现场诊断，就能面向一般用户开放线上健康诊断服务。例如通过观察患者使用智能手机拍摄的图片，诊断患者是否患有皮肤癌的知名手机软件"皮肤视觉"（SkinVision）。

人工智能也可以读取高速公路、隧道、输电网的设备图像并发出异常警告。

马来西亚的无人机初创企业Aerodyne利用无人机检查通信设备、输电网、风力发电机、石油精炼设备，现在该企业的规模已扩张到日本。人工检查巨型设备和零散分布的设施需要耗费巨额人事费用，但利用无人机拍摄照片，人工智能就能发现其中的问题，然后交给专家们查看，由他们采取更换或维修等具体措施。

关于网络安全方面，安全检查等工作也在逐渐自动化。如人工智能发出警告后，由合规经理进行判断等。这种人工智能和人类的组合不断增多，诞生了一大批独角兽企业和规模较小的初创企业。

实现风险或损失预测的人工智能

接着来看"风险或损失预测"的案例，请大家一边对照图2-3，一边阅读以下内容。

故障防止

作为自动预测风险的人工智能，首先必须在工厂等场所起到防止故障的作用。如果机器发生故障导致生产停止，将造成巨额损失，因此必须采取事先检测、预防故障的措施。

故障通常发生在可运作的部分，因此可以在马达旁边安装扩音器捕捉异常声响，通过解析图像和电压杂音，自动判断设备是否存在异常。尤其是利用物联网技术打造的智慧工厂，故障防止系统已经成为生产设备最优化、数字化中的一环，中国的先进工厂正在进行这项工作，这也是德勤最擅长的领域。

如果能够事先预测故障，那么针对生产活动停止等情况的保险也会发生变化。从保险公司的角度来看，不发生事故就不用理赔，所以一开始就能够提供包括维护费用在内的贷款。利用人工智能将维护成本降至最低，在此基础上减少理赔次数，这对保险公司来说真是一石二鸟。

当然，对于企业来说，包含维修费在内的贷款费用也会降低。而且，如果机器没有发生故障，那么向旧货市场出售时的价格不会降低太多。

这样一来，旧货市场的买断保障也会增加，事先利用买断保障办理的贷款会变得更加优惠。事实上，在发达的汽车旧货市场，制造商提供附带买断保障的贷款是理所当然的事。建立"事故防止"的收获循环，能够同时运作保险和旧货市场的双重循环。

实时监测

另一项自动化是实时监测，如检查信用卡的违法使用情况等。例如，通常只在新加坡和日本使用的信用卡，突然在柬埔寨被使用，就会自动停止交易。这种情况下，如果持卡人给信用卡公司打电话，并确认本人现在就在柬埔寨，就能自动解锁。

这种实时监测功能已经被应用在银行和信用卡公司的系统中。另外，人工智能也能够实时监测反洗钱活动。

资产管理

资产管理领域出现了许多金融科技类的机器人理财项目。例如以纳秒为单位进行贸易的全自动机器人，以及类似日本国内排行第一的资产管理公司WealthNavi提供的重新分配投资组合的自动化服务。

另外，由人工智能完成包括投资报告在内的一系列工作，最终由人类做出决定的人在回路的模式已被人们广泛接受。

信用评分

信用评分是援助专家类型人工智能的一项风险或损失预测功能。众所周知，阿里巴巴旗下的蚂蚁集团提供的芝麻信用将个人的信用信息分数化，信用评分越高，能享受的福利越高。

不过，审核住房贷款等大额贷款时，即使参考信用评分，最终也是由银行负责人来决定。银行审查员80%的工作，都是与审查工作相关的交流活动，导入信用评分可以减轻部分负担，银行的贷款工作也能变得更加灵活。

合规

风险预测和专家回路的最后一个案例是"合规（遵守法律）"。监管技术（RegTech）是规定（regulation）与技术（technology）组成的复合词，这一领域最有名的是爱尔兰金融科技公司Fenergo。

在金融界，各国的管理机构每天都会向下传达许多规定。日本和欧盟的规定不同，新加坡等拥有先进对策的国家则每周都会更新规定。相关企业为了学习这些规定，每天忙得不可开交。

随着国际反洗钱监视网的不断强化，各国的规定也变得更加严谨，随后出现了大量有关反洗钱的初创企业，这些企业有的实现了了解你的客户（Know Your Customer，KYC）等手续的自动化，有的能够监视非法账户的交易。

在银行方面，即使合规专家每次都听从政府的意见，合规人员也理解了相关的内容，但如果没有及时告知现场的筛查人员，仍有可能发生违法行为。因此，各国银行都采纳了Fenergo的意见，使用了随着规则的改变不断升级的便利工具，Fenergo由此成为能够降低合规风险的大型监管技术企业。

实现提高用户体验的人工智能

接下来是"提高用户体验"的案例，请继续参考图2-3。

聊天机器人和全域链接

人工智能能够提高用户体验，如利用聊天机器人服务用户、将开立账户必需的审核手续自动化等。全域链接的意思是通过教程和使用方法的视频，利用聊天机器人等维护客户的过程。

过去，针对客户的单独提问，运用聊天机器人进行自动化回答能省去很多麻烦。但现在客户提出的问题都是由机器人负责应对，因此很多顾客希望直接与人工客服沟通。即使如此，人工客服依然不会出面，只有面对信用状态呈灰色的客户，人工客服才会出面应对。

例如，软银集团出资的线上住宅保险公司Lemonade，过去需要超过1周时间来完成住宅保险申请手续，使用审核机器人后，只需90秒就能完成。采用自动化降低成本后，保险价格随之降低，每月9美元的保险产品广受人们喜爱。

Lemonade简化手续的做法和价格战略都极具成效，广受用户喜爱，该公司于2020年7月2日首次公开募股，并在纽约证券交易所上市交易。

客户支持

越来越多的网站将客户支持的入口与聊天机器人绑定，常见的形式如购物网站右下角弹出聊天机器人，并询问是否需要帮助。将会话营销提供商Drift提供的人工智能导入网站，就能自动应对网站的常见问题，如果人工智能无法满足用户需求，再由专家出面解决。

电商网站的客户支持中心经常出现有关商品和配送的投诉及退款等问题，制造商也会重点处理故障和纠纷等问题。

例如，有一种与物联网相结合的服务，机器发生故障时自动发送信息。收到故障信息后，检查机器人会进行处理，机器人无法处理时，会通知用户："稍后负责人会来电询问，请告知联系时间。"用户输入时间后销售负责人会按时来电，并在控制板查看用户信息和过去的处理情况等，这一过程中不会有多余的对话。如果需要现场修理，维修负责人会通过智能手机查看对话，然后一边进行线上通话一边前往现场。

谁去了哪里？采取了怎样的应对措施？与销售负责人通话是否能够解决问题？技术人员是否需要现场察看设备？是否必须会见客户？会见客户时需要哪本手册？人工智能自动从对方那里提取这些信息并进行判断，然后分配与对方匹配的负责人。如果对方是高端客户，人工智能一开始就会派出最优秀的客服人员。

另外，众所周知，银行的操作流程十分复杂，最好先让人工智能按照手册处理符合案例的情况，然后再由人工处理。

个性化

超市和百货商店的卖场等实体店，也可以使用人工智能提高用户体验。如利用人脸识别技术，在顾客进店时调查顾客过去买过的商品、进行过的交易，然后提供相应的服务：主动上前询问，或者避免与不喜欢被询问的顾客交流。

爱马仕等高端品牌商店都有个性化接待服务，运用人工智能应该能将这种服务扩展至其他零售商店。

　　生活方式品牌蔻驰（COACH）等实体店铺的工作人员看到顾客犹豫是否购买某一件商品时，会将其记录下来，并在顾客访问线上店铺时推荐该商品。这种做法正是《后数字化时代——生存在没有线下概念的时代》中详细阐述过的线上线下融合（Online Merges with Offline，OMO）的案例。

　　用户行动轨迹的数据也可以应用于商品开发和促销。例如，迪士尼公司会根据不同国家的情况，来确定电影预告片的内容、长短，以及需要强调的部分。

　　如美国漫画电影*Big Hero*①6在日本被翻译成*Bay Max*②，这就是一个典型案例。美国人喜欢富有个性的活跃队伍，而日本人则喜欢那种软绵绵的生物，所以电影名称被翻译成了完全不同的版本。这也是为什么油管网（YouTube）上流传的各种预告片需要经过反复筛选，最终留下收视率较高的版本。

---

① 中文翻译为《超能陆战队》。——译者注
② Bay Max是《超能陆战队》中体型肥胖的充气型智能机器人。——译者注

如今到处都是个性化的体验。例如，大学的入学指引会匹配观看者的毕业学校和体育经历，打橄榄球的人的入学指引中会出现橄榄球社的照片，或者有关橄榄球社毕业生的采访报道等。至于这种做法能不能引起观看者的兴趣，就因人而异了。

实现加速研究与发展的人工智能

最后是有关"加速研究与发展"的案例。这里的研究与发展，并不是指人工智能的研究与发展，而是使用人工智能加速其他领域的研究与发展。

但是，全自动化的研究与发展从原理上讲是不可能的，因此图2-3所示全部都是人在回路和专家回路的案例。

知识发现

以创业数十年的制造商为首，在食品、农产品、医疗等研究开发现场，过去数十年间积累了许多知识。

只要不断地进行研究，就会自然积累各种各样的知识，除了获得特许的具体成果（知识产权），还有让实验顺利进行的方法、过去发生的麻烦、失败的经历、已经试过的实验组合等。

不过，有一个问题是，这些知识难以成为后世的参考。创业初期的新型厂商或许能够共享这些知识，但多数情况下，过去的制造商没有将技术文件数据化，而是把很多手写文件留在了资料室里。这样一来，研究者必须先在资料室里找到相应的文件，但这种做法的效率非常低。而且，有时耗费了很多时间，却没有找到有用的文件。为了避开这种需要反复进行的愚蠢行为，不得不依靠有经验的研究人员的记忆。传承知识和技术的机制并没有很好地发挥作用。

为此，昭和电工和Cinnamon AI公司共同开发了能够有效利用技术文件的系统：利用光学文字识别系统读取大量手写资料，将数字化的文件纳入数据库，并配备能够检索化学式的便利检索系统，提高了便利性。

如果能够有效地发现过去积累的知识，就能降低研究开发的成本。这么做不仅缩短了时间，还提高了研究质量，或许还能对未来造成更加深远的影响。

制造商经常存在的另一个问题是不能共享过去产生的

有关品质保障的知识。

在开发新产品，确定制造工序并实现量产的过程中，制造商必须解决各种品质保障方面的问题。每次研发出新产品，他们应该都能够积累许多处理问题的方法，这些方法都是重要的数据源。

不过，如果这些方法不能实现数据化，也不能共享，那么每次仍需耗费大量的成本和时间进行检查。因此，必须利用人工智能建立问题案例的数据库，导入能够快速搜索并实现共享的系统。

事先预见问题，回避问题，就能减轻工作量。这样做能够缩短产品周期，加速建立低成本生产体系。这也算是利用知识发现[①]大幅强化研究与发展的案例。

模拟实验、数字孪生

制药行业和生物技术行业诞生了大批独角兽企业，这些企业利用软件制定了研究与发展的框架，由此诞生了各种模拟实验。

---

① 　知识发现：指从各种信息中，根据不同需求获得知识的过程。——译者注

其中最典型的就是新冠病毒实验。2003年的严重急性呼吸综合征（SARS）发生时期，分析病毒的脱氧核糖核酸（DNA）结构需要5个月，而本次新冠病毒暴发后，只需一个月就能分析出病毒的脱氧核糖核酸结构。另外，只要知道病毒的结构，就能针对相似的结构研制特效药。也就是说，人工智能可以用来分析事物的结构和探索类似的结构。

为了研制新药，人工智能被广泛应用到紧急研究（创新研究）领域。过去，新药的研制很大程度上依赖于专家的直觉，但现在只需要用电脑进行模拟实验，就能得知各种分子组合后产生的作用。将数百万种模型一边组合一边进行测试，这样做能够大幅缩短癌症特效药以及新冠肺炎特效药的开发周期。

制药公司Exscientia为了研制新药，在一定程度上实现了自动化，大幅缩短了新药的研发周期。

更重要的是数字孪生这一概念。数字孪生是指在虚拟空间中创造与现实世界相同的虚拟环境，例如汽车的模拟行驶和飞机的模拟飞行，在虚拟空间中再现现实中的路线，对于自动驾驶技术的研发和飞行训练有很大帮助。另外，数字孪生也渗透了游戏世界，在赛车类游戏"GT赛车"中，除了行驶距离和速度能够影响轮胎的温度并造成磨损外，还再现了轮胎抓地力的状况，让玩家能够体验到真实的操作感。

　　提高模拟实验的精度，就能按照自己的喜好来测试极限状态。用真实车辆反复进行碰撞测试只会额外增加成本，而在虚拟网络上测试，不仅不需要耗费成本，还可以测试极限状态，如人类驾驶员能否完成极限转弯等。重复测试极限状态，就能够不断提升自动驾驶技术。

　　一旦利用数字孪生创建了虚拟环境，就无须再担心测试失败。只要不断地重复测试，就能发现现实实验中无法发现的最优解。

　　不仅如此，模拟实验环境能够不断复制，这一点具有划时代的意义。

　　图形处理器制造商英伟达于2017年发布的视频中，出现了能够进行冰球射门的机器人（如图2-6）。最初只有一台默默练习射门的机器人，而在虚拟空间复制这一环境后，就出现数十台机器人，而且，虚拟环境能够缩短每次射门练习的时间，如果1 000台机器人同时进行练习，每一次射门所需的时间相当于现实世界的1/1 000，那么机器

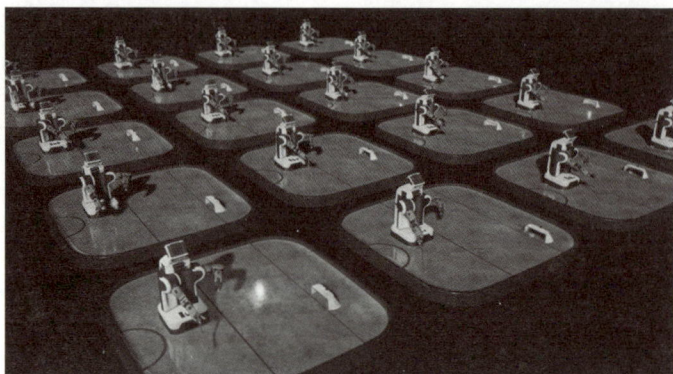

图2-6　英伟达的数字孪生模拟实验

人的学习速度就能提高100万倍。

快速进行数万次模拟实验，能够迅速提高人工智能的学习效率，同时减少现实中机器人的耗损。

最初，数字孪生只应用于游戏环境，但如果将其用于化学物质的模拟实验，就不需要在现实中逐一进行实验，只用电脑就能完成化学物质的合成。进行一定程度的模拟实验，能够促进现实中化学物质的合成，并快速提高开发速度。

总的来讲，人工智能有两大好处：其一是人工智能可以帮助你尝试各种组合搭配；其二是在提高精度方面，过去只能通过专家进行微调，而现在只需让人工智能学会自主学习，并完成深层强化学习，就能够达到较好的结果。

那么，专家应该如何参与？在创建虚拟环境，以及将数字模拟实验的结果还原到真实世界时需要专家的参与。创建数字孪生环境，并不能完全再现现实世界，因为自然界中的参数太多。

因此，必须知道如何在模拟实验中设置必要的参数。另外，在进行实验时，需要一定程度的预判。例如，在高尔夫的模拟实验中，必须仔细设定风速和风向，以及温度的等级。虽然风速是很重要的参数，但不会有人在每秒25米以上的暴风雨中打高尔夫球，所以参数的数值需要由人类进行判断。

但是，模拟实验的结果十分顺利并不意味着就解决了问题。电脑的优化过程类似黑箱①，人类无法得知其过程为何能够顺利进行。如果专家提出假设，然后一边推理其背后的原理，一边进行验证，就能将其应用在其他地方。这也是人类才能完成的工作。

---

① 黑箱：具有未知结构，并且不能直接接触的东西。——译者注

实际上，善于模拟物理空间的风险企业，以及专门模拟化学物质的风险企业正在陆续崛起。

利用功能和数据的乘算实现最终价值

如上所述，熟练运用人工智能就能实现各种价值。那么，你想利用人工智能来做什么？有了目标，下一步就该考虑如何实现。

最终价值由功能（Functions）和数据（Data）组成（如图2-7），而人工智能拥有各种不同的功能，将这些功能组合在一起，就能实现更高的价值。

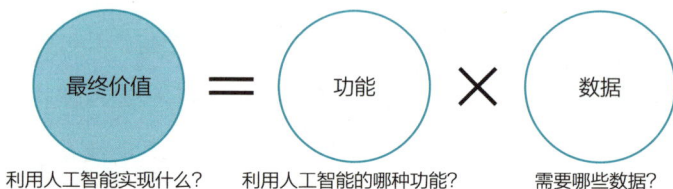

| 最终价值 | ＝ | 功能 | ✕ | 数据 |
| 利用人工智能实现什么？ | | 利用人工智能的哪种功能？ | | 需要哪些数据？ |

图2-7　人工智能战略设计的要点

现阶段的人工智能的功能很多，无法全部深究，因此本书将这些功能分为3类，并进行简单的介绍（如图2-8）。

功能	自动化		人在回路				专家回路	
识别	文字识别	翻译	声音识别	人脸识别、生物识别	视觉化（生成图像）	信息提取	图像诊断、会话诊断	
	检测异常和发现错误							
预测	防止故障		员工满意度		需求预测		员工支持	
	资产管理							
应对	顾客参与	物流最优化	机器人	供应链最优化	客户支持		人才培训	
	自动运作和出行即服务（Mobility as a Service）							

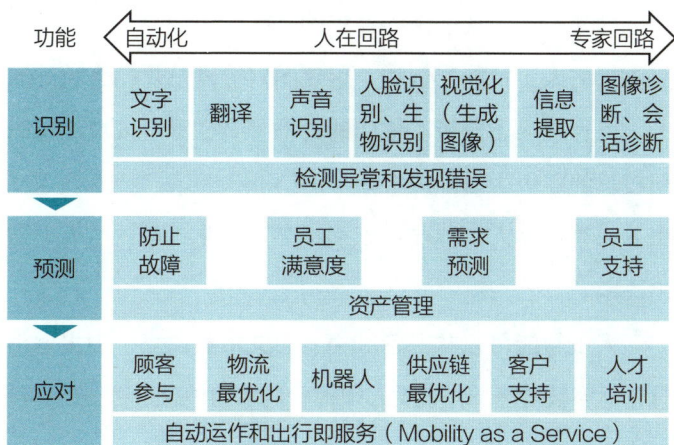

图2-8　根据人工智能的功能进行分类

　　这里再强调一遍，重要的不是了解技术，而是要将这些技术组合起来，建立循环。因此，对这一部分稍作了解即可。

有关识别的人工智能

　　人工智能的第1个功能是识别，即识别对象物体，如文字识别、图像识别、声音识别等。人工智能的识别功能可以通过深度学习实现飞跃式成长。

　　另外，还出现了许多将识别结果"图像化"来辅助专家决策的人工智能。例如，用热图划分网站热门区域的服务，以及用热图分析实体店铺内的顾客在哪个区域停留时间较长的零售店铺分析服务ABEJA Insight for Retail。这些服务都是依靠人工智能将识别结果图像化，最后由人类做出决定。

　　人工智能可以从图像和声音（文本和语言）中提取信息，但多数情况下，人类必须检验提取的信息是否正确。例如用光学文字识别系统读取名片的地址时，公司、部门、头衔的名称是否正确？在有多个电话号码和电子邮件的情况下，按照怎样的顺序登记？这些都需要由人类来判断。

　　图像诊断是指分析X射线和核磁共振的图像。人工智能图像诊断能够检查出人类是否患有癌症，但多数情况下，仍需要人类做出最后的判断。

　　各类日志中出现异常时，人工智能会自动发出"检测到异常"和"发现错误"的警报，这也是认知型人工智能的一种。人工智能自动发出警报后，多数情况下，需要由人类判断是否属于异常，所以该项功能在图2–8中跨越了自动化方案和专家回路方案。

有关预测的人工智能

人工智能的第2个功能是预测。能够识别，就能在一定程度上预测未来将要发生的事。

最近出现的人力资源技术服务，能够通过分析员工的行为来判断员工对企业的满意度。例如，在科技公司Laboratik的内部聊天室里，消极发言较多的人会被判断为不够热爱自己的企业。甲骨文公司（Oracle）提供的人事管理系统能够提取即将辞职的员工的信息，并通过公司人事调动替补离职的人才，然后公布在外部的控制板上。为了按时完成工作任务，员工的离职也能成为预测的对象。

"什么商品什么时候开始销售，预计销售量是多少"这类需求预测正在逐步实现自动化，但最终的决定权仍掌握在人类手里。根据需求预测来实现供应链的最优化，是人工智能的"应对"功能。

人工智能的预测功能还包括员工支持，例如由人工智能对员工发言的内容和语调进行情感分析，并给出意见，如："今天小A的情绪有些低落，积极地去跟他打招呼吧。"但这也有可能是因为小A感冒了，所以必须由上司来判断人工智能的建议。

人工智能的预测功能也可以体现在资产管理的领域。除了在适当的时机，以适当的价格进行投资等基本操作外，还可以根据股价自动形成分散投资的组合，但多数情况下，仍是由基金经理决定是否接受人工智能的建议，所以该项功能在图2–8中也跨越了自动化方案和专家回路方案。

有关应对的人工智能

人工智能的第3个功能是应对。实现了预测，接着就该考虑如何应对。

自动向客户发送邮件、自动推送通知等鼓励"顾客参与"的程序已经逐步实现全自动化。如果预测结果显示当前的方案能够实现更高的成交率或更低的解约率，那么就应该按照预测的结果来执行。如果能够事先决定要做的事，那么执行部分就能实现自动化。

物流最优化是指利用人工智能实时优化方案，以最低的成本实现价值最大化。如利用机器人高效分拣、打包仓库内的物品；更加有效地挑选卡车，分装货物。在亚马逊的物流仓库工作的机器人（名叫Drive）十分有名。

物流最优化的延伸自然少不了自动驾驶，它可以实时认知周围的状况，预测接下来会发生的事，然后控制油门或刹车，转动方向盘。要做到这一点，必须先实现在所有场合都不需要人类进行操作的等级5的全自动驾驶，因此该项功能同样横跨了自动化方案和专家回路方案两个领域。

供应链最优化与物流最优化相同，依靠人工智能的预测逐步实现自动化，但最终需要由专业人员完成操作。

由聊天机器人和自动语音组成的客户支持在固定类型的交易方面很有效，但在复杂的情况下需要人类出面解决。

人才培训是指深度学习方面的权威人士——斯坦福大学的吴恩达教授推进的领域，专门为专业人员开发的人工智能。

只要现在立即行动，就有很大的胜算

将具备这些功能的人工智能组合在一起，就能实现企业的最终价值。这样的案例已有许多，因此可以参考业务相似的竞争对手采用的方案，了解他们凭借哪些功能取得了竞争优势，必要的时候甚至可以模仿。

如果日本企业还没有类似的组合，那么很有可能获得先行者利益。例如绪论中介绍的无比视公司的实时更新的数据地图，虽然无法与美国的地图相抗衡，但或许能够超越日本国内的地图。实时更新的数据地图按照国家来划分区域，与国防密切相关，因此跨国企业很可能不能进入。这样一来，本地企业就有了十足的胜算。

重要的是要知道5个最终价值的哪种模式能够提高企业的资本收益率。知道了这一点，企业就能确定目标和方向。简单来讲，将海外企业的先行案例用在自己的企业，率先建立收获循环，就能在短时间内获得优势。企业现在不需要详细的人工智能技术的知识就能做到这一点。

我们通过上文可以了解人工智能的作用，不过，这里有一个很多人都容易陷入的圈套：只关注与自己企业有关的最终价值，忽视了其余的价值。

例如将想要换工作的求职者和用人单位联系在一起的招聘网站，从网站运营方的角度来看，提高匹配率能够提高销售额，如果以使用人工智能为前提，那么只需关注提高匹配率的方法。

利用聊天机器人寻找求职者，能够直接降低成本，事实上也有很多效果显著的案例。

那么，为什么会这样呢？因为人类倾向于在软件和系统的范围内考虑如何利用人工智能。有了招聘网站，就只需要考虑如何利用人工智能提高网站内的匹配率。但是，网站背后还有许多通过电话寻找求职者的人，而这也是人工智能能够胜任的工作。

与其只关注在系统范围内，实现小范围的效率化，不如着眼于系统外人类操作的部分，遇到瓶颈时，如果能够活用人工智能，就能取得更好的效果（如图2-9）。

人在回路是指人工智能与人类合作。也就是说，应该将人在回路导入人类工作的区域，换句话说，就是最初的系统外侧。因此，企业的重点不是将已有的系统人工智能化，而是考虑没有系统化的部分能不能实现人工智能化。

这里需要抛开"自己企业的产品和服务就是这样"的思维，拓宽视野，重新审视人工智能的作用，然后总览全局，着眼于瓶颈部分，就能发现适合自己的最终价值。

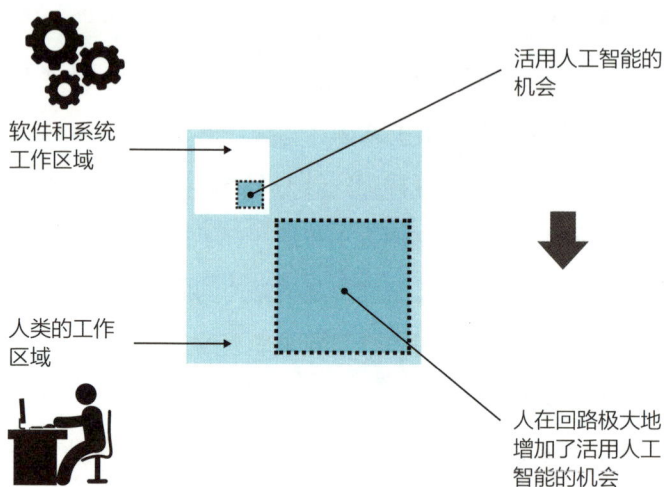

图2-9　人类的工作区域正是活用人工智能的机会

专栏

被称为响应数据的新的常识

"数据为王"的时代已成为过去

2013年至2015年，名为深度学习的新技术登场，人工智能已经能够处理原始数据，这是引发人工智能浪潮的根本原因。

　　这一技术刚刚出现的时候，需要大量的学习数据，才能让人工智能从堆积成山的数据中提取具有某种特征的数据。例如开发一种能够从众多图像中识别猫和狗的简单人工智能，需要1 000幅以上的图片，否则很难成功。因此，拥有众多数据的企业都具有压倒性的优势，而没有数据的企业根本无法与之抗衡。这就是所谓的"数据为王"（Data is King）的时代。

　　然而，实现技术性突破后，人工智能不再过度依赖训练数据。2017年以后，人们开始普遍认识到这一点。这种新运动被称作"少数据"（Less Data）。现在，只需要少量数据就能开发出实用的人工智能。

　　过去需要1 000张简单的猫狗图像，现在或许只需要5张。

　　自然语言处理也是如此。例如，编辑常见问题解答时，过去必须准备一二百个意思不同的问题和相应的答案，而现在只需要准备数十种模型就足够了。

自动生成大量相似图像的生成式对抗网络

　　这是怎么办到的？原因之一是实现了名为生成式对抗

网络（Generative Adversarial Networks，GAN）的技术性突破。

简单来讲，生成式对抗网络是指生成伪造图像的人工智能与识别伪造图像的人工智能之间的较量，两者都是为了生成接近真实的图像数据。生成伪造图像的人工智能为了不被识破而不断进化，识别图像的人工智能为了能够识别细微的差异而不断进化，不知不觉中诞生了接近真实的图像。只要提高精度，就能生成出人类难以识破的图像数据。

如果深度学习需要1 000张图像，那么运用生成式对抗网络就能自动生成八九百张。

这项技术特别适合用于异常检测的人工智能。采集房屋、桥梁、隧道等建筑物的墙壁出现裂痕的图像数据需要耗费大量时间和人力，这些数据少，所以才被称为"异常"，但是这种异常一旦发生，后果非常严重。

所以，必须依靠宝贵的实物图像资料，利用生成式对抗网络生成大量具有裂痕的图像，提高人工智能的学习效率和检测异常的精度。

在异常检测领域，还有一种能够识别伪造商品的人工智能。在需要上百件伪造品供人工智能学习的年代，开发出具有自动识别功能的人工智能是一件非常困难的事。然而现在，只需20多件伪造品，就可以通过对抗式生成网络生成伪造品的图像，帮助开发辨别真伪的人工智能。

这样生成的数据被称为合成数据。合成数据能够生成深度学习模型所需的学习数据，但需要少数据的支持。

转移学习成果

另一个原因是迁移学习（Transfer Learning）。这是将某一领域完成学习的人工智能转移到其他领域的技术，比起将完成学习的人工智能投入新的领域重新学习更有效率。

正如掌握特定领域技术的人类能够用更短的时间学习其他领域的技术一样，如果能够掌握学习的窍门，就很容易实现横向展开。

例如开发针对法律文件等专业领域的人工智能系统时，如果没有迁移学习，就必须准备学习用的法律文件。这样一来，就需要大量的法律文件。

但是，如果使用迁移学习，则人工智能学习数据的

99%都是普通的自然语言，例如维基百科的公开数据，而剩余的1%是法律文件，这样就能一次性开发出专业度很高的人工智能，也能将深度学习转移到其他各种领域。

第2章中介绍的模拟实验和数字孪生的前提，也都是将虚拟环境中模拟的内容转移到现实环境。

迁移学习在图像识别和音频解析等领域有了飞跃性发展，而谷歌开发的"预训练①"方法（Bidirectional Encoder Representations from Transformers，BERT）将其推广到了自然语言处理领域，同时一次性提升了机器翻译的精度，引起人们的广泛关注。

使用预训练后，过去需要1 000单位的文件数据才能提取的专业术语，现在只需要两三个单位就能完成。这就是预训练的强大之处。

时代正在朝着"回路为王"转变

生成式对抗网络和迁移学习的普及，使得拥有大量数据

---

① 在大型文本语料库（如维基百科）上训练通用的"语言理解"模型，然后将该模型用于我们关心的下游NLP任务（如分类、阅读理解）。——编者注

的企业失去优势。现在的人工智能只需要少量的数据就能实现高效学习，没有数据的企业也能够参与其中。这也是社会上许多企业掀起人工智能热潮以及过度竞争的根本原因。

另外，大型企业可以利用迁移学习将完成学习的人工智能横向展开，垄断市场。例如谷歌利用预训练学习完印度尼西亚语，就能迅速学会语言结构类似的马来语。印度尼西亚和菲律宾等地有数百种语言结构类似的地方语，学习成果横向展开后，就能一次性控制整个市场。

这样看来，只拥有大量数据是无法在竞争中存活的。重要的不是数据的量，而是创建能够不断产生新数据的循环结构，可以说战略性人工智能的应用早已进入"回路为王"的阶段。

第 3 章

战略基础成为竞争优势

仅凭最终价值无法取胜

在第2章中，我们介绍了人工智能的作用，它带来的价值，以及它的最终价值。但是，实现最终价值不能立刻构筑持续制胜的收获循环。

正如笔者一直强调的，人工智能已经商业化，只需组合零件就能使用，也就是说，很容易被其他企业模仿。因此，即使处于领先地位，也可能很快就被其他企业超越。

即使目前自己的企业所在的领域没有竞争对手，一旦取得成果，就可能有大资本家介入。这样一来，先行者的利益会迅速被大型企业夺走。

因此，不能只依靠人工智能，必须利用人工智能的战略设计来改变竞争优势。只依靠人工智能，很容易变成依靠自动化缩减成本的模式，而改变竞争优势是为了提高竞争力。笔者不断强调这一点，正是因为它们之间的区别十分重要。

所谓最终价值，是指人工智能带来的直接利益，也就是说，使用人工智能就能带来相应的价值。这种关系简单易懂，也很容易模仿。因此，必须将人工智能带来的利益升级成战略（如图3-1）。

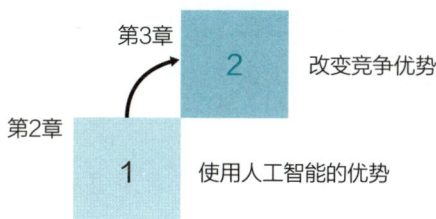

图3-1 从最终价值升级到战略

战略的最高境界是不战而胜，为了实现这一目标，可以设置竞争对手无法跨越的障碍，或者避开其他企业的攻击。如果说第2章的目的是让大家理解人工智能的优势，那么接下来的内容，就是让大家理解如何将这种优势升级为战略。

战略筹划的目的是保持独特的价值主张

所谓的胜利究竟是指什么？"在市场中取得第一名"这种解释过于简单，笔者觉得应该是按照自己的节奏取得第一名。

例如招聘网站，无论在日本还是在国际上都有市场占有率第一的企业。但是对于以服务客户为宗旨的企业来说，能否提供热情主动的服务比市场占有率更加重要。如果自己也想成为能够提供热情服务的招聘网站，就必须让自己的热情度达到市场第一，这就是所谓的胜利。

然后，深入考虑如何比竞争对手更加热情地服务求职者，这样就能发现构建战略的思路。因为最终只有依靠用户才能取得第一名，所以构建战略时，必须以"能够为用户提供怎样的价值"为核心，提供其他企业无法比拟的价值，就是所谓的独特的价值主张（Unique Value Proposition，UVP）。

有了独特的价值主张，就能在竞争中取得优势地位，因为独特的价值主张能够带来独一无二的价值，而持续制胜是指维持这种独一无二的状态。

为了维持独特的价值主张，必须不断保持独一无二的状态。否则，即使暂时获得了独一无二的价值，也有被其他企业超越的风险。

例如本书之后将介绍的利用价格优势获取独特的价值主张的成本领先战略。想要凭借低价获得持续性胜利，就必须不断追求更低的价格，让边际成本无限接近零。怎样才能拥有其他企业无法比拟的低廉价格？这是下一步该考虑的问题。如果企业能够提供免费的服务，就能使价值发生偏移。

　　谷歌就是典型的案例。谷歌搜索在全球范围内获得了压倒性的优势，所以它能够利用搜索联动型广告获取收益。随着广告市场的扩张，用户和广告商越来越依赖谷歌。

　　制作与谷歌搜索同等级别的搜索引擎，从技术上来讲或许能够实现。但是，想要达到同样的高度，必须投入大量资金，并且持续提供免费的服务，直到搜索数量取得优势地位。

　　实际上，无论算法还是数据量，谷歌都领先其他企业很多年。不，不止如此，现在全球所有网站都在配合谷歌完成搜索引擎优化（SEO），这是其他企业不可能推翻的模式。由此可见，谷歌已无法被超越。

　　随着时间的推移，如果能够不断地建立更加强大的独特的价值主张结构，就永远不会被竞争对手超越（如图3-2）。做到这一点，就能够建立半永久性的收获循环。

$$企业的竞争优势 = \lim_{t \to \infty} UVP(t)$$

为顾客提供独一无二的价值

图3-2 提高价值"独特性"的结构

　　建立循环，就能让人工智能变得越来越聪明，独特的价值主张等级也会随之提高。不断提高独特的价值主张的等级，就能保持与众不同，而战略筹划的目的正是建立并保持独特的价值主张。

首先以取得第一轮胜利为目标

　　具体来讲，战略筹划首先是建立一次性的独特的价值主张，因为它能从本质上将最终价值转变成竞争优势。本书将达到这一目的的过程称为单向线路（如图3-3）。正如其名，单向线路是一条直线，而不是循环结构。

　　单向线路只能带来一次性胜利。正因如此，只有持续

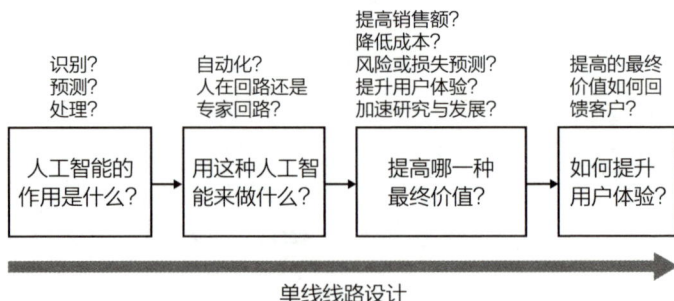

图3-3　将最终价值转变为竞争优势的单向线路

保持独特的价值主张才能建立收获循环。建立收获循环的方法笔者会在之后的章节中介绍，这里先介绍如何构建取得第一次胜利的战略模式。

建立单向线路需要依靠大家的智慧，笔者希望大家能够仔细思考。

扩大终身价值，独占广告市场

图3-4展示了如何将最终价值转变成竞争优势。在5个最终价值中，"加速研究与发展"本身就能带来竞争优势，因此排除在外。

最终价值 使用人工智能的优势	竞争优势 竞争中的防御手段	
①提高销售额	独占广告市场	极速成长的原动力 →扩大市场占有率
②降低成本	成本领先战略	微产品化
③风险或损失预测	订阅模式	金融科技化
④提升用户体验	市场内最优质的用户体验	客户成功方面的压倒性胜利

图3-4 将最终价值转变成竞争优势

　　我们从上往下看。首先是"提高销售额"，利用人工智能强化顾客参与度，就能增加用户在服务中支付的总金额，即用户终身价值（Life Time Value，LTV），这样就能增加吸引顾客时投入的广告费用，使广告曝光效果最大化。

　　用户终身价值与用户获取成本的比值用单位经济模型（Unit Economics）来表示。对于用户获取成本来说，用户终身价值越高，单位经济模型的增长速度越快，商业利润也就越高。如果用户终身价值大于用户获取成本，就能进一步增加获取、维持新用户的成本。

　　为了便于理解，这里举一个简单的例子。某移动电话运营商赠送用户价值8万日元的智能手机，但用户必须每月支付5 000日元的使用费，持续2年。在这种销售模式下，用户终身价值为12万日元（2年的总使用费），用户获取成本为8万日元（终端费），赢利4万日元，运营商最多可以在用户获取、维持方面消耗4万日元。

　　随着用户满意度的提高，假设用户平均3年内没有解约，那么用户获取成本为8万元不变，用户终身价值变成了18万日元，这一商业活动大幅提高了单位经济模型的增长速度，运营商的盈利就提高到了10万日元。

改变单位经济模型，能够增加广告费等用户获取成本。依靠充裕的资金，以更高的广告费进行投标，就能半垄断针对特定关键词的广告业务。

优化单位经济模型，就能购买竞争对手无法购买的广告。即使其他企业参与竞标，也无法取胜，最终使得自己企业的曝光度增加。抢占广告市场，可以发现许多商机。利用广告建立循环，不断积累数据，就能获得压倒性的优势。

一味地购买广告无法积累数据，不建立循环结构，数据就会流向平台企业。做不到这一点，就会被国际企业击垮。这一点你必须铭记在心。

"客房单价的实时优化"成为极速成长的原动力

单位经济模型与定额计费的订阅模式十分匹配。订阅模式能够带来稳定的收益，更容易获得用户终身价值。

提高用户终身价值，并利用客户支持等策略降低解约率，这样做不仅能够独占广告市场，还能对其他企业采取强硬态度。拥有充裕的资金，就能开拓其他企业无法涉足的领域，一次性获取更多用户。

印度的连锁酒店OYO就是典型的例子。OYO会根据预约情况调整住宿费，降低空置率。预约客满则上调住宿费，因此"房间数×单价"所形成的矩形的最大面积就是酒店的生命线。OYO旗下的酒店通过实时优化房间单价获取更高的收益，这种做法能够让那些无人问津的房屋变得更有价值。

OYO的优势在于"风险或损失预测"，其拥有的预测住宿率的人工智能不仅精度很高，还能瞬间看清房源的价值，其他企业在购买前需要经过几个月的调查，而OYO只需1周就能完成。OYO利用"提高销售额"与"风险预测"，在极短的时间内成为全球规模最大的连锁酒店之一。

OYO的战略是大量购买房屋并改造成宾馆，依靠人工智能接受预约。然而，现场服务水平低下以及模拟扩张失败导致该公司发展势头不足。部分日本游客指出，OYO网站的预约系统与宾馆的预约系统相互独立，经常会出现重复预定的情况，这一问题使得OYO的热潮突然退去。

通过破坏价格形成压倒性的优势

接着来看"降低成本"。利用高效的人工智能降低成本，就能采用成本领先战略。

例如如果一家企业人工智能的专利竞争调查速度比其他企业快10倍，调查成本就能降低为原先的1/10，即使按照其他企业1/5的成本价格销售，也能获得更高的利润。这样一来，就能获得压倒性优势。只要竞争对手不能实现同等水平的"通过高效率降低成本"，就无法取胜。

成本降低的幅度越大，价格破坏带来的冲击就越强。好不容易制造出来人工智能，与其让成本降低一两成，不如直接降低至1/10、1/20，这样更能建立竞争优势。

以扩大小型市场为目标

"降低成本"还有另一个有效战略——"微生产"。

银行在办理100万日元或300万日元的贷款业务时，会消耗一定成本调查借款人的信息，评估对方能不能按时还款。但是，对于几百日元到几千日元的小额贷款，如果消耗同样的成本来了解客户，就没有利润了。因此只能提高利息，但如果能够在不消耗成本的情况下完成身份认证，或实现自动化审查，那么小额贷款也能带来收益。

这样一来就能进入前所未有的领域，不但能够扩大贷款业务，甚至还能卖出少量的保险。虽然都是一些小额交易，但如果自动化能够带来大量的小额交易，就能积少成多，而且这是其他金融机构无法介入的新兴市场，也是一片广阔的蓝海[①]。

微生产化的代表是上文中已经介绍过的Lemonade公司。该公司引进聊天机器人，实现保险申请手续的自动化、简单化，能够提供一种极其便宜的每月5美元的"租赁保险"。

过去，个人电脑、相机、耳机、戒指、耳饰等数千至数万日元的商品很难投保，只要过了制造商的保修期，就必须自己承担修理费，但现在这类物品也能投保。正因为手续成本无限接近于零，才得以让原本不能投保的物品变得可以投保，小额保险也随即成了商品。

---

① 蓝海：与红海相对，指未知的市场空间。——译者注

提高操作效率并降低成本，就能使规模较小的商品和服务带来利润。这样一来，市场就能进入前所未有的领域。正因如此，小额贷款和点对点网络借款（P2P）业务才得以在亚洲和非洲等有众多没有银行账户的人们所在的地区迅速扩张。

然而，小型化市场的扩张不仅限于金融商品领域。

企业中有许多细致性的工作（不足每个人一个月的工作量）。例如，如果人工智能能够自动生成会议记录，就可以将这项工作交给它。如果将所有企业的会议记录汇集在一起，就能形成巨大的市场，那么实现产品小型化，进入不实行自动化的领域，就能扩大用例。这么做有助于构筑循环结构。

灵活利用订阅模式的定价策略

接着来看"风险或损失预测"的人工智能，这类人工智能可以运用到订阅模式中。需要消耗成本的商品很难定价，如时尚这一敏感领域，不仅会面临解约和流行趋势变化等问题，还必须尽可能地制定不同于其他企业的价格。

如果能够建立正确的预测模型，就能在其他企业觉得有风险的领域，确定"本公司在这个价格下会有利润，是安全的"，从而取得竞争上的优势。

另外，如果不知道用户会为该服务投入多少资金（用户终身价值），就很难创建订阅模式。反过来讲，需求预测的精度越高，就越容易将用户引导至订阅模式。如果每个月只需固定支付很少的费用，则很难引发用户的不满，这么做也很容易和用户建立双赢关系，所以一旦签订了订阅合同，就可以防止用户被抢走。

利用金融科技化为店铺提供符合实际情况的融资、保险服务

另一个方法是金融科技化，新加坡的支付软件"Fave"为餐厅和美容院等零售实体店铺提供二维码支付服务。

这样做相当于掌握了销售点信息，同时也掌握了店铺的销售额及回头客的数量。这样一来，就能够估算店铺的贷款数额以及预测坏账风险。如果和银行合作，向经营情况较好的店铺贷款，能够促进新店扩张。

　　这种贷款模式不仅没有担保人，也不用参考店铺老板的个人信息和店铺过去几期的财务报表，只根据每天的销售业绩等真实信息进行判断，这是其与传统银行贷款的本质区别。

　　凭借年度决算的损益表（PL）中的模糊数据，很难看出企业是拥有潜力，还是面临破产，但掌握了销售时点管理数据，就能了解每个店铺的真实情况。然后，相关机构就能以较低的利率向有实力的店铺和有潜力的个人贷款，或提供便宜的保险。

　　另外，金融科技类的风险企业不仅可以调查交易记录，还可以将用户记录与用户满意度相结合，从多个角度进行分析。这样一来，金融科技类企业比银行更能准确地预测店铺的风险和潜力。如果能够比银行更细致地满足成长中的企业的资金需求，就能建立其他企业无法轻易超越的优势。

　　一旦企业运用金融科技构筑了"降低成本"和"风险或损失预测"的循环，就能建立将所有业务领域纳入视野的战略。笔者希望大家能够开动脑筋，试着将其用于自己的企业。

利用个性化体验俘获用户

最后是"提高用户体验"的战略。首先，在类似的服务中让用户享受最好的体验，就能建立竞争优势，这是理所当然的事。

如果为每一个用户提供个性化服务，他们便会不满足于其他服务。因为人只要体验过一次为自己量身定制的服务，就不会再去考虑其他服务了。

即使通过物流改革提高物流仓库和配送中心的运输效率，也会遇到如何完成从配送中心到用户的"最后一公里"这一问题。服务中的最后一公里是用户接触点的最后一座堡垒，如何设计好这一点十分关键。

例如，被称为中国版星巴克的瑞幸咖啡提供线上提前下单、到店取餐的服务。即使咖啡的名称像咒语一样难懂，只要用户看着智能手机上的图片下单，就不会出错。另外，瑞幸咖啡店铺还会在咖啡时间推送"想喝咖啡吗？"的信息，多数人看到信息，都会不假思索地直接下单。

总之，在适当的时间刺激用户的需求，就能超越需求预测，在一定程度上控制需求。用户们一旦接受了这种个性化的服务，就不会再去寻求其他服务了。

最好的用户体验是最坚固的防护墙

另外，无论能否提供完美的个性化用户体验，订阅模式的软件即服务能够将合同延长多久，以及如何防止用户解约都是最重要的课题。如果想让用户终身都不解除合同，就必须有更加新颖的构思。

想要留住用户，就必须在面对用户咨询时，从以等待为主的用户支持模式迈出新的一步。也就是说，提供服务的一方主动出击，做好"用户成功"，即引导用户成功。如果能够让用户体验到成功，就能降低用户更换其他企业服务的风险，在竞争中建立优势。

如何利用人工智能提供最好的用户体验并取得成功？如果能够积累数据，就能建立其他企业难以超越的优势。关于用户体验，最重要的是积累其他企业无法复制的数据。

真正的目标是实现持续性胜利

正如笔者之前所说的，将人工智能带来的最直接的利益（最终价值）转化为战略设计，就能在竞争中建立优势。但是，这种做法带来的优势并不是永久性的，这一点必须牢记。

只要企业持续存在，就会引发激烈的竞争，战略亦是如此，达到目标并不代表竞争结束。在抵达终点的瞬间，就必须确定新的目标，否则就会被其他企业超越。

这种残酷的竞争，就像是全力以赴参加超过100千米的超级马拉松比赛，持续高强度的工作会让员工们累倒。

这时，你的脑海中一定会浮现出一个无论怎么工作都不会累倒的存在——人工智能。只要让人工智能学习合适的数据，它就会变得越来越聪明。人类会感到疲倦，可人工智能不会。但是，到目前为止，人类必须手工将合适的数据分离出来交给人工智能，而人类的手工作业遇到了瓶颈，所以人工智能无法发挥全部的能力。

如果能够自动生成人工智能的学习数据，那将发生什么？其结果就是不需要人类参与，就能自动生成半永久性的数据，使人工智能变得越来越聪明。

或许你会觉得这些话有些不切实际，但循环结构能够实现这一点。构筑持续性的循环结构，就能让人工智能变得越来越聪明，最终成为其他企业无法超越的坚实壁垒，持续守护自己的商业活动。这不只是一次性胜利，而是持续性的胜利。进一步来讲，我们最终的目标是建立持续性的循环结构，实现不战而胜。

在接下来的第4章将介绍构筑循环结构的方法。至此，我们终于到了本书的核心部分。

专栏

不断累积数据，总有一天会达到饱和状态：饱和与例外处理

不存在100%精度的人工智能

构筑收获循环，生成并收获数据，就能让人工智能变得越来越聪明。

但是，即使建立了持续性循环，人工智能也不会永无

止境地成长。人工智能的精度存在上限，原则上无法超过100%，而且精度达到100%的人工智能也只不过是幻想。

笔者在前文中提到，现在是少数据的时代，一开始就能用少量的数据一次性提高人工智能的精度。初期的布局十分迫切，因为越早开始越有利，而初期的增长势头也最为强劲。

然而，随着人工智能的发展，当精度达到85%～95%后，便进入了饱和状态，增长就停止了，也可以说是"达到极限"（如图3-5）。

如果算法保持不变，那么人工智能很快就会达到饱和状态。所以，人类要改良算法，并尽可能地不让人工智能

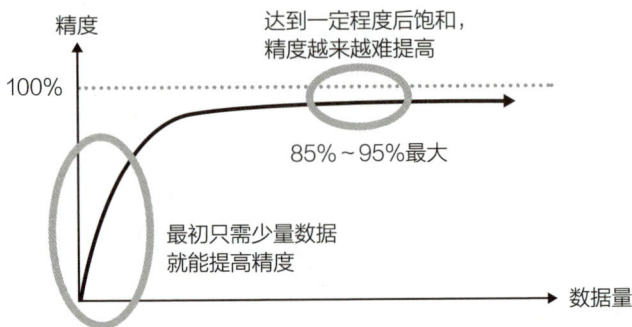

图3-5　人工智能的发展状态

达到极限状态，但即使如此，人工智能的精度终究还是会达到极限。

例外处理是最后的遗留问题

当精度达到85%～95%后，对于人工智能无法解答的问题，应该由人类进行微调，而不是任由人工智能进行无效学习，这就是例外处理。

例如，当手写文件的住址栏太小时，有的人会写到框外，让光学文字识别的人工智能读取这类文件，就是在进行无效学习，因为人工智能只有读取栏内文字的功能。读取栏外的文字被视为"例外"，如果人类不介入，则人工智能无法自行处理。

人工智能的学习越到后期，越应该以处理这种例外问题为主。例如，印鉴上的朱砂通常是红色的，但也有人用黑色的印泥盖章，最近还出现了七彩印泥，这些都属于例外情况，人工智能无法自行处理，只能由人工来解决。越接近饱和状态，这种例外情况越多。

人工智能能够处理多少意外情况，与积累的经验值有关，例如在计算经费时肯定会遇见以前从未见过的收据，人工智能也很难识别随意书写的潦草文字。在将过去的文件数据化时，如果出现了只对特定的人使用的符号，那就真的束手无策了，因为现场的人类也无法理解其中的意思。

以突破极限为目标

人工智能的精度达到饱和后该如何是好？

例如，精度达到95%的人工智能让生产效率提高到原来的20倍，过去需要40人的工作，现在只需要2人就能完成。或许有人会想："使用人工智能就能让生产效率提高到20倍，这真是太棒了！"但是，这样就认为自己赢了，显然为时过早。仔细想想就能发现，如果自己的企业只用了少量的数据就在短时间内让人工智能的精度达到了95%，那么1年后就会出现10个拥有同样精度的人工智能的竞争对手。好不容易将成本缩减为1/20，本以为有了利润空间，可如果对手的成本也缩减为1/20，那就很难获得利润。

总之，即使暂时取得了胜利，也有很大的概率瞬间被红海市场吞没。所以，仅依靠简单人工智能无法取得持续性胜利。

这一阶段可以采取的方案有两个。其一是彻底处理例外情况，继续修正算法，不断提高人工智能的精度。假如精度提高到97.5%，就能将剩余的2人裁减为1人。这样一来，1个人的生产效率提高到了20的2倍，即40倍（如图3–6）。

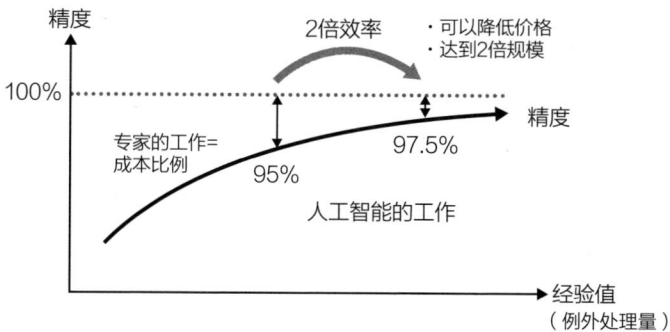

图3-6　人工智能的精度达到饱和后的解决方案

想要让精度从95%提高到97.5%非常困难，因为倾斜线与100%精度线接近平行，这需要耗费大量时间，但即使如此，提高精度依然有很大意义。假如有10名竞争对手制造出精度为95%的人工智能，那么拥有精度为97.5%的人工智能，依然有2倍的差距，成本竞争力仍处于优势地位。

建立双重循环

另一个方法是在暗处建立循环，也就是将在第5章提到的双重循环。这指的是企业在人工智能的精度达到95%的时候，利用微产品化和金融科技化赚取额外利润，以较低的成本为武器，依靠资金垄断广告市场，在竞争对手追上之前抢占别的舞台。

企业垄断广告市场可以防止对手抢夺自己利用广告获得的数据，没有学习数据就无法培育出人工智能，这也使得对手无法超越自己。

总之，制造人工智能不是一件难事，所以要尽快动手。反过来讲，这是大家都能够参与的领域，所以，即使生产效率提高到原来的20倍也不能松懈。想要利用人工智能取得持续性胜利，就不能掉进生产效率提高的陷阱中。

第 4 章

收集数据，建立循环

从狩猎数据的时代到生成、收获数据的时代

人工智能的浪潮兴起前，"大数据"这个词十分流行。在那个数据为王的时代，拥有数据就等于拥有了胜利。然而，大家现在应该明白，仅拥有数据是无法取胜的。

在大数据时代，懂得活用数据的人会受到称赞。当时的主流方法是从大量数据中提取有用的信息，把握趋势，增强企业的竞争力。数据中埋藏着许多宝藏，找到它们就能取得胜利。在"数据为王"的时代，掌握大量数据的平台是无法被战胜的。

但是，事情并不是这么简单。如果缺乏洞察力，只会一味地收集数据，那么即使暂时取得优势，也无法长久保持。

这是为什么呢？首先，即使拥有大量数据，也不能确保这些数据都能用来培育人工智能。其次，分析数据或许能够了解过去，却无法预测未来。已有的数据通常只记录过去。在这个不断变化的年代，最重要的是获取时刻发生变化的实时数据，如果不能建立获取实时数据的体系，就可能会被时代抛弃。

大数据时代最受人们欢迎的是存量数据，而人工智能时代需要的是流量数据，想要处理流量数据，就必须建立能够实时获取数据的体系。

我们可以将大数据时代称为狩猎数据的时代，但现在已经进入人工智能自己生成数据、收获数据的"农耕"时代。而且，本书中倡导的收获循环，正是构筑生成、收获数据的循环。掌握数据的人未必能够持续获胜，只有建立实时获取数据的循环，才能取得持续性胜利。数据为王的时代已然过去，接下来是循环为王的时代。

构筑循环结构，使人工智能战略初次发挥作用

我们先来回顾一下第2章中提到的使用人工智能的优势。首先笔者想提醒大家，在人工智能逐步实现商业化的时代，只依靠最终价值无法建立优势。因此，可以尝试第3章中提到的方法，将最终价值升级为战略，改变竞争优势。

但是，胜负并非一次性的。为了取得持续性胜利，必须建立其他企业无法轻易模仿的结构，也就是所谓的收获

循环。只有持续积累数据，构筑不断提高人工智能精度的
循环结构，才能获得持续性收益（如图4-1）。

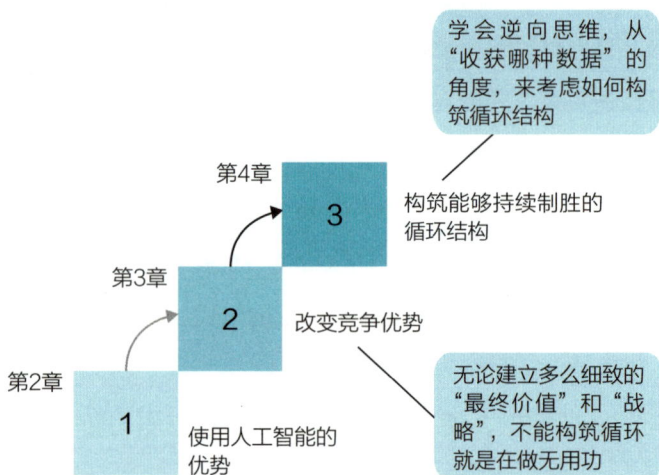

图4-1 构筑能够生成、收获数据的收获循环

反之，没有循环结构，就无法活用人工智能，没有学
习数据，人工智能就无法成长。人工智能最大的优势在于
随着学习不断成长，如果不能持续提供数据，人工智能便
无法成长，不久就会过时，最终被时代抛弃。

或许有的企业会想："既然如此，那就在不同阶段分
别购买数据。"但是，这种做法跟不上时代的变化。

在日常操作中半自动地积累数据，培育更聪明的人工智能，这是强化人工智能的基本操作。完成一次进修后，在下一次进修前只会等待的新人，和每天进入现场学习的新人比，谁成长得更快？这种问题不用想也知道答案。

压倒性的速度是领先竞争对手的重要因素之一，为了提高人工智能的成长速度，最好的资源是日常工作中产生的数据。

如何建立收获循环

那么，应该如何建立能够持续生成、收获数据的收获循环？突然提出这种问题，想必很多人都会觉得不知所措。

如果按照流程走，就会发现其实并不复杂。或者说只要按照下文中的流程来思考，就能熟练运用战略性的人工智能。

笔者以第2章提到的LawGeex公司为例，来介绍如何建立循环结构。百闻不如一见，了解其他公司的实际案例，能够帮助我们更直观地理解循环结构。

（1）认识最终价值（使用人工智能的优势）

LawGeex利用人工智能向律师提供审核合同的服务，这项服务能够大幅缩短审核时间。

该公司利用人工智能审核文件，建立专家回路辅助律师工作，大幅缩短审核时间的同时降低了成本，这是最直接的价值，也是人工智能带来的最终价值（如图4-2）。

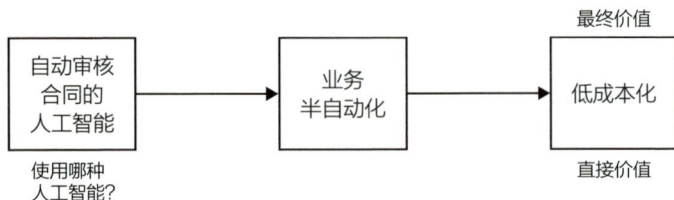

图4-2　LawGeex引进人工智能实现的最终价值

（2）升级成战略

降低成本，就能提供快捷、便宜的服务，创造竞争优势。如果能够打造极致的用户体验，就能牢牢抓住用户，将单向线路升级成第3章中提到的"建立竞争优势的战略"（如图4-3）。

这样一来，"单向线路"就建成了。笔者在这里重申，不要有"凭借人工智能一决胜负"的想法，因为竞争不

提升用户体验

```
┌─────────┐     ┌─────────┐     ┌─────────┐     ┌─────────┐
│ 自动审核 │     │          │     │          │     │ 快速实现 │
│  合同的  │ ──▶ │  业务    │ ──▶ │ 低成本化 │ ──▶ │ 低价服务 │
│ 人工智能 │     │ 半自动化 │     │          │     │          │
└─────────┘     └─────────┘     └─────────┘     └─────────┘
```

建立竞争优势的战略

设计单向线路，并升级成战略

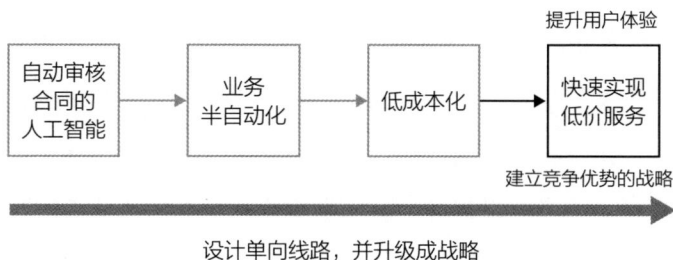

图4-3 设计单向线路，建立优势

是一次性比赛，我们还没有建立能够持续培育人工智能的结构。

人工智能通过不断学习会变得越来越聪明。如果将人工智能的学习过程编入日常操作，就能体现出人工智能的强大作用。因此，接下来的目标是为人工智能构筑生成、收获数据的收获循环。

（3）LawGeex不仅能够积累许多合同类的文件数据，还能得到律师们的反馈。这就等于同时得到了人工智能的审核数据和律师们的审核数据。

拥有能够相互比较的数据，就能进一步提高人工智能的学习速度。人工智能学习这些数据，就能变得更加聪明，给专家提出更多合适的提案。用人类的反馈培育人工智能是理所当然的做法。

　　强化后的人工智能效率也会提高，这样就能进一步降低成本，提供更加优质的服务。这一循环并非一次性的，而是会一直持续下去，人工智能的精度不断提高，用户体验也会随之变得更好，不久就能达到对手无法超越的水平，这就是收获循环的作用。

　　当你理解图4-4后，就能明白没有循环结构的人工智能如同纸上谈兵。利用已有的数据制造人工智能，只会让你瞬间失去优势，因为它无法战胜不断学习的人工智能。笔者想再次强调，现在是"循环为王"的时代。

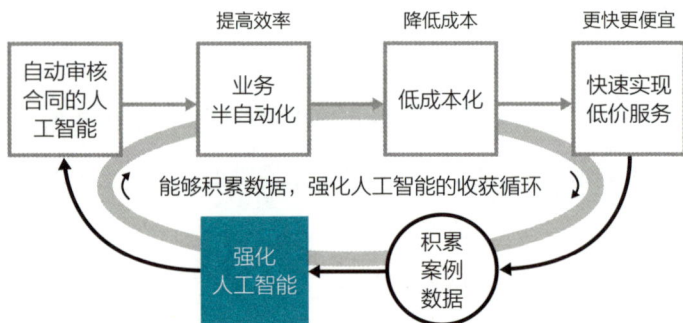

图4-4　能够积累数据，强化人工智能的收获循环

从一开始考虑循环结构

图4-5中概括了这一循环结构，我们从图的左上方开始看，使用怎样的人工智能（拥有哪种功能的人工智能）做什么（最终价值）？给用户带来怎样的价值（同竞争对手的差异化=竞争战略）？恐怕按照图中上层的单向线路引进人工智能的企业都会考虑这些问题。

但是，这种做法遗漏了反馈数据强化学习的过程，所

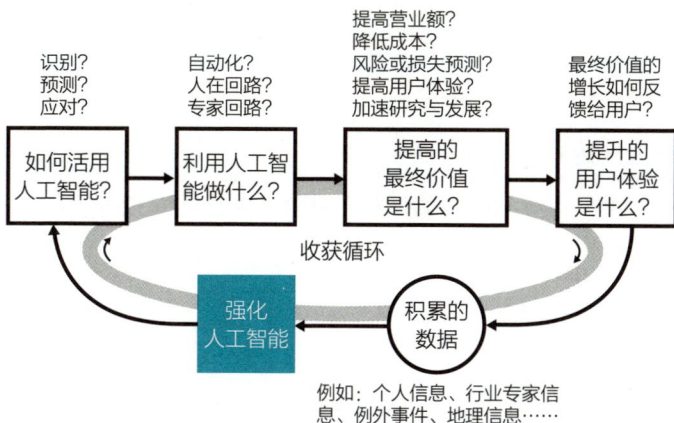

加快"强化功能""提高价值""提升用户体验"进程，有利于取得持续性竞争优势。

图4-5 构筑收获循环的基本框架

以不能发挥人工智能的优势，即不能让人工智能在学习中不断成长。只有构筑能够生成并收集数据的收获循环，才能完成战略设计。也就是说，设计人工智能战略必须从一开始就以建立循环为前提，笔者希望大家能够将这一点铭记在心。

大家可以根据这一循环图来思考人工智能战略，笔者将这张图与"循环为王"放在一起讲，是想指出另一个重要的观点：必须从一开始就做到完美。

只要有合适的数据，就能让人工智能不断成长。反之，即使最初人工智能的精度不高，只要建立持续提供数据的结构，就能不断地提高精度。也就是说，如果从设计阶段开始构筑完整的循环结构，那么一开始就不需要很高的精度。建立持续性的循环，就能不断地提高精度。

精度逐渐提高

例如，某律师事务所想要立即安装审核文件的人工智能，但这很有可能需要耗费数亿日元，而且效果不好。然而，如果是将律师的审核数据积累起来建立循环结构，那么现在就可以开始行动。

如何持续有效地收集日常操作中容易收集、容易学习的数据？考虑到这一点，如果先从力所能及的部分做起，就能大幅降低开发门槛，这也是资金实力不强的中小企业能够做到的事情。

一开始不必追求完美，一边开发一边提高精度即可。抱着这种想法，就能控制投资初期的成本，同时也能缩短研发时间。因此，企业要抛开细节，迅速建立收获循环，只要建立了循环结构，就能不断提高精度。

总之，企业要优先考虑设计阶段应该收集怎样的数据，并以此为起点设计人工智能战略。以尽快建立循环为设计前提，就能少走弯路，提高研发速度。

在设计人工智能战略的时候，无论用多长时间研究笔者介绍的案例，设计多详细的计划，都不一定行得通。与其这样，不如考虑如何获取自己企业的业务数据和服务数据，以及如何利用数据强化人工智能。尽快建立循环，才是最快的捷径。

应该积累什么样的数据

那么，应该积累什么样的数据呢？主要有两个要点，一是适合现在的人工智能的结构化数据（Structured Data），二是非结构化数据（Unstructured Data），如图4-6所示。

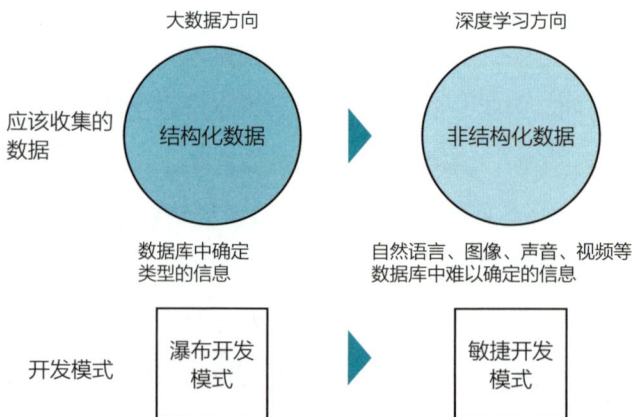

图4-6　应该积累什么样的数据？

简而言之，结构化数据是指数据库中确定了的分类数据，类似于Excel中容易处理的数据。与之相反，非结构化数据是指没有确定类型的原始数据，如句子的文本数据，图像、动画、声音等数据，例如Word和PPT中随意撰写的文章。数据只要没有固定的格式，就可能是任意类型，所以很难确定如何分类。

结构化数据和非结构化数据也可表现为固定类型的数据和非固定类型的数据，定量数据和定性数据。

过去的主流做法是积累结构化数据并进行大数据分析。为了将数据收录到数据库，必须事先决定数据库的结构。事先确定姓名、性别、出生日期、地址、电话等数据库的类型后，就能根据这些类型收录不同的数据，然后进行分类、分析。

网络商业营销之所以不断壮大，是因为它收集了大量数据。如果能够知道用户通过什么链接访问了哪些网站，在哪些页面浏览了多长时间，就能解析这些数值，然后根据用户个人喜好开启推荐功能和目标广告功能。

但是，复杂的邮件内容和网络日记、日报等自然语言依旧难以处理，图像、动画、声音等原始数据也都几乎无法成为分析的对象。因为电脑即使掌握了通过全文检索得到的词汇出现的频率和趋势，也难以识别图像和动画中出现的特定物体和现象。

"原始数据+敏捷开发模式"更加适合人工智能企划

深度学习是一项划时代的技术，这项技术能够使人工智能直接处理原始数据，即不需要由人类事先决定分类的模式，人工智能就能根据特征提取特定对象和特定现象。

2012年，人工智能在读取完大量网络图片后，即使不依靠人类，也能注意到图片中的猫，这使得"猫脸识别"一度成为热门话题。从那以后，这项技术飞速发展，人工智能的自然语言处理、图像识别、声音识别、视频识别等能力飞速提高。

结果出现了一种新的观点：人类不再需要事先决定数据的类型。这也就意味着可以事先将所有的文本数据保留下来，或将现场的图像和声音全部录下来，在应用中根据需要提取数据。

这样一来，就不必事先考虑需要积累什么样的数据，可以将全部的记录、录音、录像都保留下来。如果业务规模不大，即使保留全部数据也不会占用太多的存储空间。

总之，在制造人工智能时，即使一开始过于匆忙，之后也可以随时调整，这也意味着人工智能项目更加适用于边发展边思考的敏捷开发模式。敏捷开发模式的初期投资较少，很适合中小型企业，这一点必须谨记。

如果在计划阶段不知道该准备什么样的数据，那么可以暂且将所有业务流程都记录下来，发现优势后，再让人工智能集中学习。

焦点对象会随着开发的进度而改变。因此，面对变幻莫测的市场环境，最妥当的方式是在不断的尝试中找到属于自己的风格。

另外，在按照计划顺序开发的瀑布模式中，想要在开发过程中进行修正是一件很难的事，所以这种模式很适合事先决定类型的结构化数据。

但是，如果非结构化数据成为主流，那么以瀑布开发模式为主的企业越是在初期设计了周密的计划，就越是难以应对市场环境的变化。

如果按照瀑布模式开发人工智能项目，那么很容易在决定数据类型的初期阶段陷入无休止的争论中。假如需要一年时间来决定数据的收集和分类，然后按部就班地进行开发，那么等到数年后发布时，市场早已被更好的项目占据。你有没有觉得这种场景很熟悉？

在日本，利用人工智能推进数字化转型是一件很难的事，因为人们都沉迷于瀑布式思维，且过于拘束。

反过来讲，没有被这种思维限制的行业前期不必太过细致，可以先从力所能及的部分开始。笔者在这里再次强调，尽快建立循环结构才是最重要的。

将与人有关的一切都变成数据

积累数据的过程中的第二个要点，是将所有与人有关的事物都变成数据。与人有关的事物大致可以分为三类：与用户的接触点、工作内容、市场动向（如图4-7）。

与用户有关的部分，比如会见客户时该说什么话？对方会露出什么表情，是不满，还是满意？如果将会面时的场景全部录像，利用识别表情的人工智能，或许就能将客户满意度分数化。

与工作有关的部分，如律师如何进行审核，审核的内容又是什么，这部分内容应该可以全程录像，然后截屏制

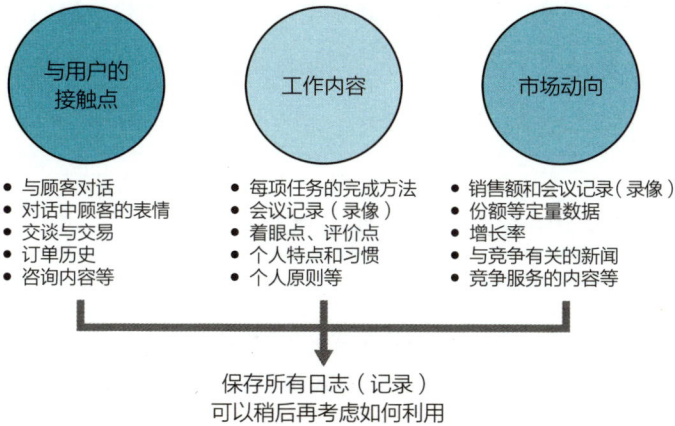

图4-7　将与人有关的一切都变成数据

作成图像。

　　多数人都关注的类似内容，就是人工智能的学习重点，这么做或许能让人工智能越来越像专家。当人类犯同样的错误时，通常会通过反馈来改善，这种方法同样适用于人工智能。例如在市场竞争中，可以记录竞争中的评论和传言，以后或许能派上用场。

　　总之，就算目前没有用处，也不能说这些记录毫无意义。只要留下数据，能够从原始数据中提取信息的人工智能就能从发现信息的时点开始追溯并进行分析。

137

大多数值得保留的信息都出现在人与人直接接触的部分，如谈话、会议、商谈、实际作业顺序等，其中也包含着至今仍未结构化的领域。

彻底解决只有人类才能胜任的工作

事实上，所谓结构化数据，是指不依靠人工智能，依靠现有信息技术系统也能实现一定程度的自动化、效率化。结构化的数据也是机器流程管理的对象。

因此，无论什么样的工作或现象，在其结构化的时点，迟早都会被机器代替。比起经常闷闷不乐的人类，不知疲惫、不会出错的机器更擅长应付重复性工作。

在尚未结构化的领域，存在着许多只有人类才能完成的工作，那里就是所谓的匠人的世界。在属人因素太强且无法很好地语言化，或尚未语言化的领域里，只要能用人工智能代替一小部分工作，就能起到杠杆作用（杠杆原理）。

在已经实现自动化的领域，人工智能的效果十分有限，而在无法实现自动化的匠人的世界里，只要能够实现三成自动化，就会有显著的效果。

亚马逊的成功案例很容易让人联想到运用结构化数据追求效率，就能建立全球平台，但今后决胜的关键在于人工智能能否熟练处理非结构化数据。

如果将人工智能引进匠人们依靠直觉和技术造就的领域，那么目前只能在人与人之间传承的一部分技术就能实现横向展开。跟着师傅学习10年才能掌握的知识和技术，只要用人工智能代替其中的一部分，就能起到非常大的效果。

从这层意义上来讲，劳动集约型的中小企业比正在实现信息化的大型企业更容易得到人工智能的恩惠。这就相当于健身时，不经常锻炼的人比肌肉发达的人更容易看到成效。

专栏

能够建立循环的数据和不能建立循环的数据：数据网络效应

大部分数据正在红海化

本书的中心思想是建立收获循环、收获数据，并完成再学习，让人工智能变得更加聪明。但是，并非所有的数据都能派上用场，有容易建立循环的数据，也有难以使用的数据。与建立循环的方法相比，了解循环的结构更为重要，能否成功建立收获循环，需要自己去尝试。

那么，怎么判断数据是否适合收获循环呢？分析数据网络效应（Network Effect）是否有效是一种不错的方法。数据网络效应是指数据量越多，用户体验越好，用户也越依赖这种服务。

大多数据都属于图4-8中间的收敛型，一开始迅速成长，但达到一定等级后就会停滞不前。

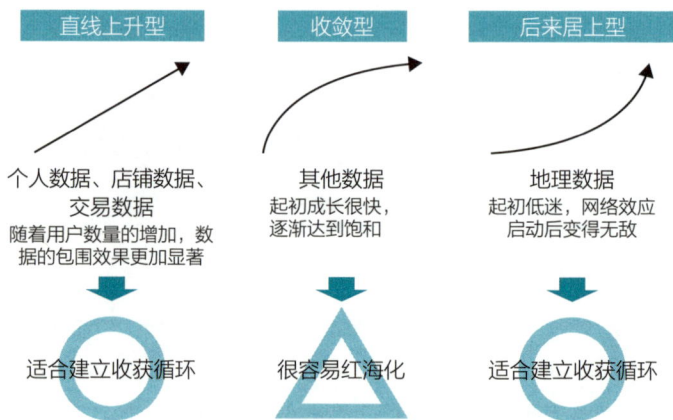

图4-8 数据网络效应的形式

这就是笔者在前文中提到的饱和状态，大多数数据都会逐渐达到饱和。

仔细思考后就能发现这是理所当然的，在识别小狗和小猫的图像时，让读取过1万张图像、具有一定精度的人工智能再读取100万张图像后，其精度几乎不会再提高。不能继续提高精度，就很难实现与竞争对手的差异化，最终会被红海吞没。

个人数据积累得越多越能发挥作用

大多数数据都是收敛型数据，但也存在其他类型的数据。

其中之一就是个人数据。个人数据与个人身份证明（ID）绑定，这类数据积累得越多，用户的覆盖范围越广，越容易产生网络效应。

试想一下亚马逊和乐天等电商网站，假设有两个服务器，一个面向1万名用户提供服务，另一个面向1 000万名用户提供服务，后者的价值扩大了1 000倍以上，对用户来讲，越是在这里购物，越容易暴露自己的个人信息，越能收到符合自己喜好的推送。因此，随着个人信息的积

累，人工智能的精度和服务品质都会不断提高，如图4-8
左侧，呈直线上升。

这里所说的个人信息指的是与个人身份绑定的数据，
这一点不能误解。由于这类信息与个人隐私有关，因此出
现了这样的讨论："如果不知道数据的主人是谁（没有和
身份绑定的形式），那么这类信息能不能用于大数据解析
呢？"严格来讲，个人数据并非个人的数据。

网站凭借没有绑定个人信息的数据，能够获得如"30
岁的单身女性有这样的爱好"等调查结果。但这种情况
下，即使分析对象的人数从1 000人上升至10 000人，也
不会带来10倍的效果。换句话讲，内容几乎不会有所
变化。

也就是说，当个人信息与身份分离，这种"个人信
息"就会变成图4-8中间的收敛型。当然，这种数据并非
毫无价值，随着这类数据的增多，人工智能的精度也会不
断提高。

店铺数据、客户数据，以及例外数据都是宝藏

与个人数据相同，直线上升型数据大多为零售、餐

饮、服务等店铺数据和企业对企业(B2B)的客户数据。例如,掌握多家餐厅的信息,无论对于想要就餐的顾客,还是想要提高曝光度、增加就餐人数的店铺来讲,都能发挥网络效应。

从事营业支援的销售人员掌握的信息能够发挥很强的网络效应,这些信息对于想要开发新用户的企业和想要追求便捷服务的企业都很有诱惑力。

另外,例外处理的经验数据越多,效果越显著。增加对奇特文件的处理经验,就可以培育出能够应对各种例外情况的人工智能,因此对于自动化来讲,网络效应能够发挥很好的排除例外作用。

获得地理数据,就能赢得最终胜利

地理数据拥有最强的网络效应。地图和道路图具有特殊性,只有覆盖全国才能初显价值,只覆盖特定区域就会失去价值。

谷歌地图的堵车信息虽然很方便,但当初用户都集中在旧金山附近,得克萨斯州几乎没有人使用,因此不能用来导航。然而,现在世界各地都有用户在使用谷歌地图,所以网络效应显著，不久就能达到无可比拟的状态。

总之，布局阶段完全是低空飞行，企业只能自掏腰包努力收集数据。当达到某种水平，如覆盖日本全国各地后，就能发挥网络效应，使用户们互相推荐，最终形成一家独胜的局面。地理数据的特点是越到后期增长越快，后半段的网络效应尤其显著。

第 5 章

创建多重循环，
取得压倒性胜利

不断学习的人工智能是建立循环的驱动力

在看完第4章的内容后，笔者觉得大家应该能够明白建立收获循环，不断强化人工智能，是取得持续性胜利的基础。

但是，收获循环的价值不止如此。循环结构之所以优秀，是因为只要不特意关闭，自动产生并收获数据的循环就能持续运作。

人类需要动力才能不断成长。有人想要晋升和加薪；有人想要得到周围人的认可；也有人想要更多的知识，或变得更强。但是，人类一旦失去动力，就会失去成长的欲望，最终停滞不前。

换句话讲，为了促进人类学习，除了必要的素材（研究、教材、用例、现场体验等），还需要其他动力。

然而，人工智能不需要动力。人工智能也会成长，但人工智能不会受到心情和身体状况的影响，只要有合适的数据，就能继续学习。数据不仅是人工智能的学习素材，也是促进其学习的燃料。当然，人工智能工作时需要电力和电脑的运算能力，但人类也需要空气、水、食物

（营养）等物质。

　　人工智能的学习速度也是人类无法相比的，在很多领域，人工智能的处理能力都远超人类，而且人工智能的学习成果可以复制和分享，多台人工智能同时学习（如前文介绍的英伟达的机器人模拟实验）。另外，人工智能不会忘记学过的知识，也不会出错。

　　只要有数据，人工智能就能继续学习。乍看之下，这种模式和只要有汽油（燃料）就能工作的引擎（内燃机）一样。但是，两者之间有着本质上的区别。引擎只会重复同样的动作，而人工智能的精度能够不断提高。

　　强化人工智能，就能建立良性的收获循环。只重复同样的工作不能降低成本，也不能提升用户体验。总之，只要建立收获循环，就能让人工智能越来越聪明，循环本身能够带来驱动力，持续运作的结构又能让循环变得更加强大。

自动运作的循环会成为其他循环的原动力

　　建立循环并不断改善，或许会让人会联想到"计划

（Plan）→执行（Do）→验证（Check）→改善（Action）"的PDCA循环，但PDCA循环的前提是人类积极参与其中的每一个环节。提出假设后如果不执行，循环就会停止，即使执行也不能一一验证，改善后能让等级提高多少（或者不能提高），只能由人类来判断。

也就是说，只有干劲十足的人满怀热情地参与其中，才能取得成果，没有干劲的人即使模仿PDCA循环，也只是在做重复性的工作，就像是引擎（内燃机）一样。

收获循环的驱动力是不断成长的人工智能，只要人类不主动将其停止，它就能不断优化，然后成为新循环的原动力，产生新的循环结构，这就是双重循环的真实面目。

如图5-1所示，双重收获循环的驱动力是不断成长的人工智能，只要提供数据就能持续运作，类似于半永久性装置。当然，给予合适的数据，提高人工智能的精度，是人类的重要工作，但是只依靠人类的力量难以建立第二重循环。相比之下，不知疲倦的人工智能具有优秀的成长能力，凭借这种能力建立的双重循环拥有不可动摇的优势。

以第一重循环为驱动力建立第二、第三重循环，形成其他公司无可比拟的结构

第5章

4 建立多重循环，取得持续性胜利

第4章

3 建立能够取得持续性优势的循环

第3章

2 改变竞争优势

第2章

1 使用人工智能的优势

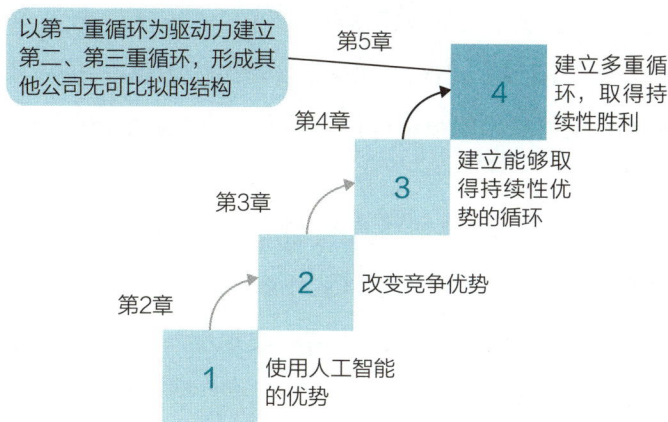

图5-1 利用双重循环在竞争中取得压倒性优势

为什么要建立双重收获循环

那么，为什么要建立其他循环呢？

这是因为依靠单一循环不能持久保持竞争优势。例如，即使依靠循环模式建立成本领先战略，以超低的价格排挤竞争对手，成本也无法降到0以下，随着时间的推移，最初的优势会逐渐减弱；又如，暂时以最好的用户体验席卷市场，但遭到了竞争对手的拼命抵抗；再如，市场中出现了让现有服务失去效果的新型挑战者。

无论多么强力的收获循环，依靠"一本足打法①"终究会被对手赶超。但是，如果在暗处建立更加强力的循环结构，竞争对手就很难模仿，因为这种循环结构很难被发现。

如果要建立多重收获循环，那么设计图也会随之变得复杂。这种复杂的结构难以从外部窥探，而这正是双重收获循环的目的：建立更加复杂、更加难以模仿的循环结构，持续保持优势。

案例1　LawGeex的双重收获循环

这里列举3个具体的案例来说明如何建立双重循环。如图5-2所示，我们首先再来看一遍LawGeex的收获循环。

该公司在律师业务中加入了典型的专家回路，不断积累专家们的审核记录，并以此强化人工智能，这是最初的循环。

从专家的角度来看，随着人工智能的强化，简单的工

---

① 一本足打法：棒球的一种击球形式。根据投手的投球姿势，抬起与投手同一侧的脚，仅凭单脚站立击打。——译者注

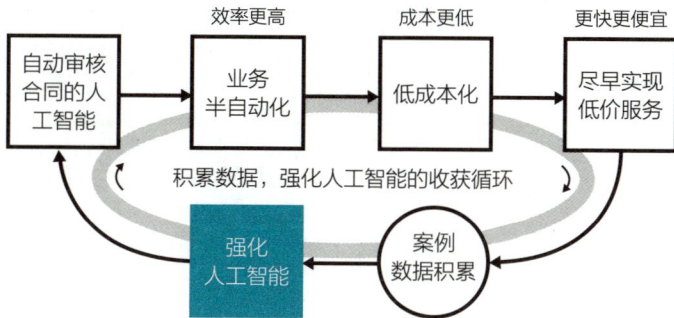

图5-2　LawGeex的收获循环

作变少了。对于律师这样的专家来说，做这种重复性的简单工作就等于浪费才能，因为这种工作谁都可以胜任。因此，减少简单的工作有利于人们发挥各自的才能，工作轻松且有意义的企业，以及没有琐事、能够加快员工成长的企业更能吸引优秀的人才。

减少无意义的工作能够提高企业对人才的吸引力，帮助企业录用优秀人才，提高企业的工作品质，最终使客户对服务的满意度提高，这就是另一重循环，也是LawGeex的双重循环（如图5–3）模式。

如果将乍看之下毫无关系的2个循环结合在一起考虑，就能发现优秀的律师提供的高品质反馈，能够提高审

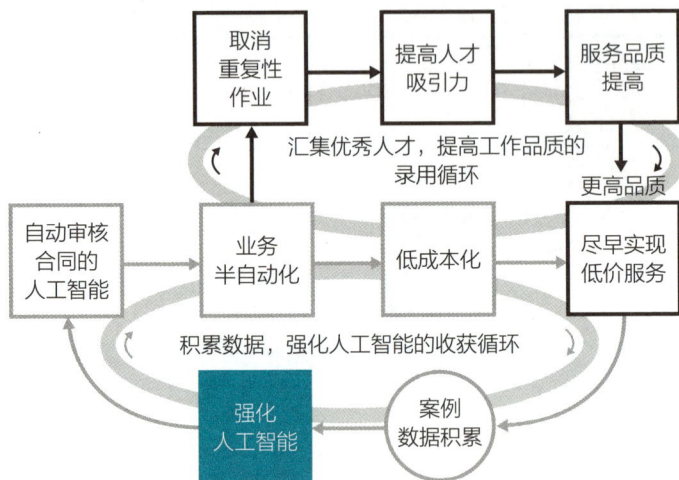

图5-3　LawGeex的双重循环

核数据的质量及人工智能的精度，让人工智能更快、更准确地审核各种类型的合同。这对于起步晚的企业来说是无法轻易弥补的差距，随着时间的推移，这种差距会越来越大。

形成录用和人才培育循环

双重循环依靠专家回路吸引优秀人才，所以应该很适

合专业技术人员。对于从事软件、游戏、网络服务的开发
工作的人来说，没有重复性作业且富有挑战性的工作具有
很强的吸引力。利用收获循环汇集众多优秀的人才，就能
进一步强化人工智能。

　　除了风险企业，室内（企业内部）的开发项目也可以
使用这种"录用循环"，对于优秀的技术人员来说，最理
想的工作就是项目中没有无意义的工作。

　　进一步发挥想象力，就能在此基础上建立第三重收获
循环。总的来讲，专家的能力和经验存在个体差异，每个
人擅长的领域也不同，收集专家的个人数据，或许就能根
据他们个人能力匹配合适的工作。

　　例如，A想要积攒某种类型的工作经验，所以给他分
配相应的工作。B觉得当前的工作太简单，而正巧进入公
司第2年的C喜欢该工作，那就让C顶替B，给B安排难度更
高的工作。按照能力分配工作，能够加速个人成长。

　　随着员工能力的提高，他们工作的质量也会提高，
这样就能提供更高品质的服务。正如笔者在第3章中提到
的，个性化也是人工智能擅长的领域，所以一定不要忽视
"人才培育循环"。

建立"录用循环"和"人才培育循环"，就能让员工感到幸福。专家本就是稀有人才，建立这种双重循环和三重循环，能够在竞争中获得压倒性优势。

案例2　无比视的双重收获循环

接着来看绪论中介绍过的无比视公司的案例。大家或许一开始没看懂图0-2，也不知道该如何建立循环结构，但如果现在回过头去看那张图，或许就能看懂其中的顺序了。笔者希望大家先给出自己的答案，再抱着对答案的心情去看一遍。

（1）看清最终价值（使用人工智能的价值）

无比视公司的优势在于自动驾驶的图像识别技术，该公司的当务之急是利用预测事故的人工智能规避事故风险（如图5-4）。

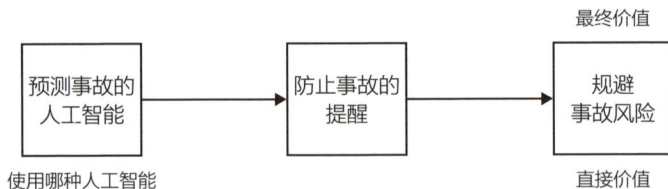

图5-4　无比视公司引进人工智能的最终价值

（2）升级成战略

然后，无比视公司将规避事故风险的最终价值转变为"给用户提供更加安全的驾驶体验"的竞争战略。就像笔者在第3章中提到的，优秀的用户体验是最好的防护墙。

但是，仅凭这一单向线路只能赢得一次性胜利，因为没有建立学习程序，预测事故的人工智能的精度无法提高（如图5-5）。因此，在设计单向线路的时候必须考虑如何建立能够自动生成、收集数据的程序。这也是下一步该做的。

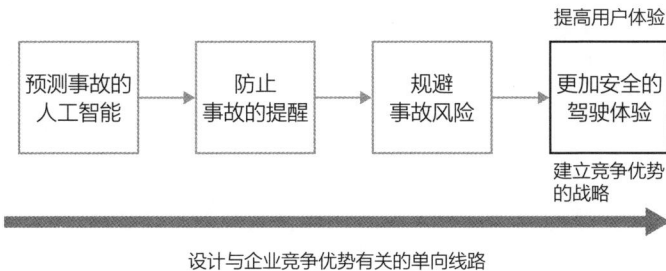

提高用户体验

```
┌──────────┐    ┌──────────┐    ┌──────────┐    ┌──────────┐
│ 预测事故的 │───▶│   防止   │───▶│   规避   │───▶│ 更加安全的 │
│ 人工智能  │    │ 事故的提醒 │    │ 事故风险  │    │  驾驶体验  │
└──────────┘    └──────────┘    └──────────┘    └──────────┘
```

建立竞争优势的战略

设计与企业竞争优势有关的单向线路

图5-5　无比视公司建立竞争优势的单向线路

（3）建立循环结构，取得持续性优势

无比视将自动驾驶车辆搭载的各种传感器输入的实时数据作为预测事故的前提，在车辆行驶的过程中不断获取道路交通标志、路面状况、车辆的位置关系等图像数据，人工智能学习这类数据就能不断提高图像处理能力（如图5-6）。

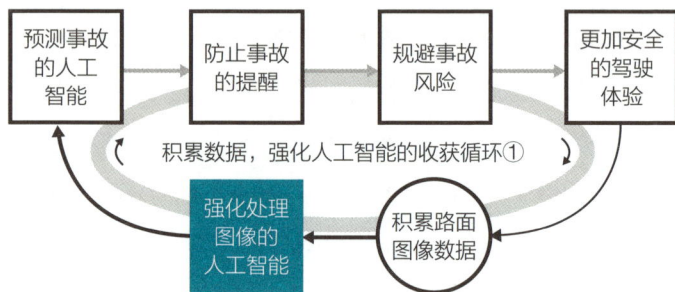

图5-6　无比视公司建立收获循环

　　这里需要注意的是，要让自动驾驶车辆自行收集行驶过程中的数据，不要人为干预。

　　自动驾驶车辆在运行过程中收集了大量的图像数据，这些数据能够提高人工智能预测事故的能力，让自动驾驶车辆变得更加安全。随着行驶距离的增加，收集的数据越来越多，人工智能也变得越来越聪明。另外，最适合人工智能学习的数据是行驶过程中遭遇的突发状况。

　　在上述单向线路中加入自动生成、收获学习数据的程序，就能建立不断强化人工智能的循环结构，这是最初的收获循环。

　　建立循环后，随着自动驾驶车辆行驶距离的增加，循环结构持续运作，预测事故的成功率和用户体验都会不断提高。只要车辆不断地行驶，就能逐渐在竞争中拉开差距。

　　（4）建立双重循环结构，取得压倒性优势

　　只建立一重收获循环就能在竞争中取得优势，这一点毋庸置疑，但很多企业使用了人工智能，却没赚到钱，也没能和竞争对手形成差异化，这是因为他们没有建立半自动的收获循环结构。

　　利用人工智能和数据并非只能建立一重循环，只要精心设计，就能建立另一重循环，从而稳固竞争优势。

　　无比视公司不仅积累了大量图像数据，还将这些数据与位置信息联系在一起，在地图上标注详细的道路状况。一般的道路图上只标注了行车道、信号灯，以及人行横道的位置和种类，而无比视公司提供的地图上除了这些，还有行车道中线的形状、宽度，与人行道之间的距离、高低差，有无护栏等信息，这种实时更新的地图是安全驾驶的必备工具（如图5-7）。

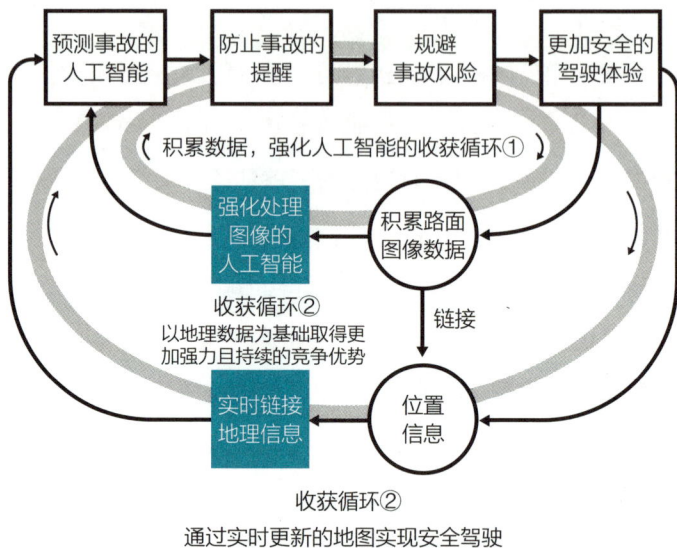

收获循环②
通过实时更新的地图实现安全驾驶

图5-7　实时更新的地图是安全驾驶的必备工具

　　随着搭载无比视公司感知器的自动驾驶车辆和累计行驶距离的增加，它们绘制出的地图也越来越详细。是否配备这种地图，会对自动驾驶车辆的安全性造成较大的差异。

　　制作与无比视公司同等水平的地图需要耗费大量时间，因此很多经营者都会考虑直接使用无比视公司的地图。

无论在哪个区域，和本地区域地图最完善的企业合作更容易取得成果。既然不能在一辆车上同时安装多家企业的车载摄像机，那么最妥当的做法就是和排名第一的企业合作。

出于这样的原因，用户们不断涌入市场占有率最高的企业。车载摄像机也算是物理上的稀有要素，所以控制了这一要素就能不断变强。

总之，经常更新地图，就能不断吸引用户使用，随着地图精度的提高，用户体验也会更好，最终形成循环结构。如果能够发展到这一步，那么起步晚的企业想要赶超就相当困难了。

利用车载摄像机绘制道路图，持续收获数据，不仅能够提高人工智能的精度，还能和实时地图联动，形成阻挡竞争对手的防护墙。无比视公司利用这种双重循环结构奠定了坚实的基础。

案例3　Fave的双重收获循环

第3个案例是第3章中提到的新加坡的支付软件Fave。Fave并非完全凭借自己的实力，而是与其他行业合作建立了双重收获循环，这也是Fave的精彩之处。

我们按照顺序先来看Fave建立双重收获循环的过程。

Fave和日本的Paypay一样，可以提供二维码支付服务。即使在没有普及信用卡的地区，只要在实体店铺设置二维码，就能利用Fave支付。Fave在按照百分比收取手续费的同时，还会收集顾客的购买数据，即"谁在哪里买了什么"（如图5-8）。

```
利用哪种人工智能                                    最终价值
┌──────────────┐    ┌──────────────┐    ┌──────────────┐
│  预测个人爱好  │    │  推荐有价值的  │    │ 辅助提升店铺  │
│  的人工智能    │──▶│    信息       │──▶│   营业额     │
└──────────────┘    └──────────────┘    └──────────────┘
                                                    直接价值
```

图5-8　Fave引入人工智能的"最终价值"

（1）看清最终价值（使用人工智能的价值）

Fave能够掌握每名顾客的购物信息和饮食爱好，并及时推送个性化推荐，帮助店铺增加销售额。

如果能够预测顾客将要购买的商品，就能定向发送9折优惠券，促进店铺销售，购买的顾客越多，Fave收取的手续费就越多。Fave依靠这种方法和店铺建立了双赢的关系。

（2）升级成战略

如果一项服务能够记录顾客的喜好，并在适当的时机发送合适的优惠券，那么顾客就会对这项服务产生依赖。随着顾客满意度的提高，这项服务的使用者也会不断增加。优秀的推送和顾客参与是建立竞争优势的基本战略之一（如图5-9）。

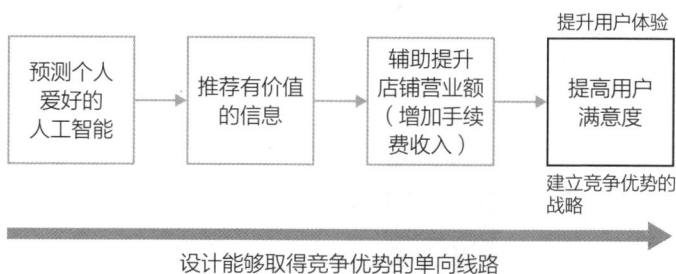

图5-9 Fave建立竞争优势的单向线路

（3）建立循环，取得持续性优势

让人工智能学习顾客的购买数据，就能更加细致地了解顾客的喜好，提高推荐产品的命中率。如果进一步结合位置信息，或许就能发现拥有同样爱好的顾客集中在哪家店铺。

这样一来，就能从众多抽样总体中发现人们的喜好，提高建模的分辨率。这么做能够进一步提高个性化服务的精度，也能更准确地推送顾客喜好的商品。

Fave的利用率（交易量）提高后，就能利用大量数据建立强化人工智能的收获循环。这样做不仅能够提高顾客的满意度，还能增加使用率和使用人数（如图5-10）。

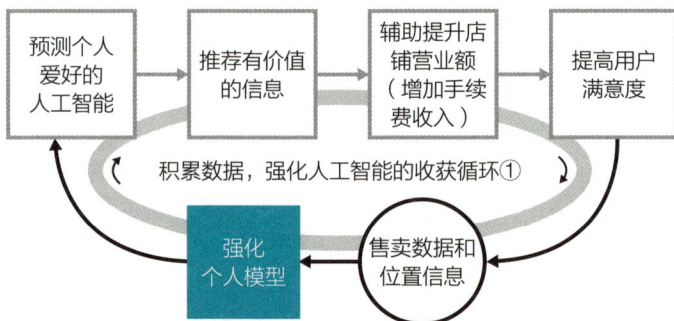

图5-10　Fave建立收获循环

（4）看清另一个最终价值

以上就是Fave的第一重循环。当Fave掌握了支付这一非常重要的资金出入口的信息后，就开始了建立另一重循环的准备工作。

从"顾客经常在哪家店铺购买什么商品"的购买数据中能够发现很多信息，如哪家店铺更受欢迎、销售额增加了多少、顾客重复购买率是多少，以及新增顾客占到几成。这样一来，就能将店铺的实力分数化，给每个店铺制定等级和信用分。

根据店铺每日的交易业绩计算信誉分，并实时更新，就能获得比月度结算和季度结算更加详细的信息。为了向外部的利益相关方提供准确的数据，必须了解每家店铺的真实实力。

这些信用信息通常无法从外部获得，具有非常高的价值。金融机构和信用调查公司以外的一般企业需要费一番工夫，才能将信用信息直接兑换成金钱（企业的销售额），而Fave选择与银行合作。

Fave不断收集餐厅和店铺的信息。发展迅速的餐厅和店铺需要大量资金用于开设分店和采购新商品，而Fave向银行推荐这类餐厅和店铺，促进贷款交易（如图5-11）。

图5-11 Fave引进人工智能的另一个最终价值

从银行的角度来看，有了坏账风险较低的优良贷款渠道，就能降低审核成本，扩大贷款规模。

另外，Fave作为风险企业，没有承担直接风险的能力，不能向优良客户提供贷款服务，而与银行合作，从贷款利息中分一杯羹的做法体现了Fave的远见卓识。

（5）升级成另一项战略

在贷款业务发展缓慢的地区，由于审核能力不足或利息太高等原因，银行无法贷款给个人店铺。

因此，作为中间人的Fave，无论对于银行还是店铺都有很大的价值，因为坏账风险降低后，贷款利息也会随之降低。对于店铺来说，使用Fave更容易借到钱（利息更低），而利用借来的资金扩大商业活动的店铺也会更加依赖Fave，这就是店铺不使用其他支付软件的理由。能够给店铺带来便利，就能取得竞争优势（如图5-12）。

（6）建立另一个循环，取得持续性优势

Fave根据店铺的信誉分创造贷款环境，辅助店铺经营的方案也可以通过建立循环不断强化。随着店铺的数量和交易量的增加，信用分随之提升，进一步增加了辅助经营的可行性，以及手续费的收入（如图5-13）。

提升用户体验

```
┌──────────┐   ┌──────────┐   ┌──────────┐   ┌──────────┐
│ 预测商业  │   │ 向银行    │   │ 辅助银行贷 │   │ 拓展优良店 │
│ 信誉的    │ → │ 提出贷款  │ → │ 款（增加手 │ → │ 铺的经营  │
│ 人工智能  │   │ 可行性建议 │   │ 续费收入） │   │ 业务      │
└──────────┘   └──────────┘   └──────────┘   └──────────┘
```

建立竞争优势
的战略

设计能够取得竞争优势的单向线路

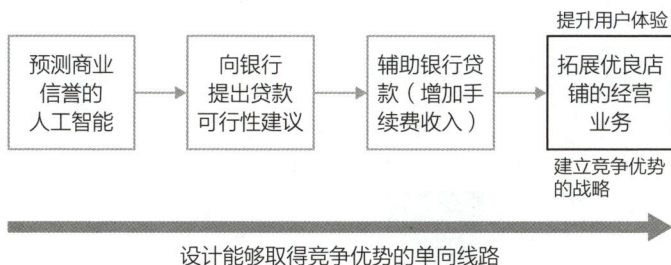

图5-12　Fave的另一条单向线路

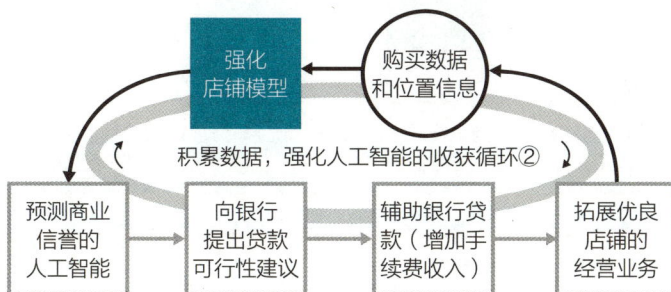

图5-13　Fave的第2个收获循环

（7）建立双重循环，取得压倒性优势

将这两个循环合在一起就是图5-14的双重循环。Fave利用同一组数据强化面向个人和面向商铺的人工智能，建立双重循环。

仅凭Fave无法建立图5-14中的双重循环，这也是这一双重循环的精彩之处。

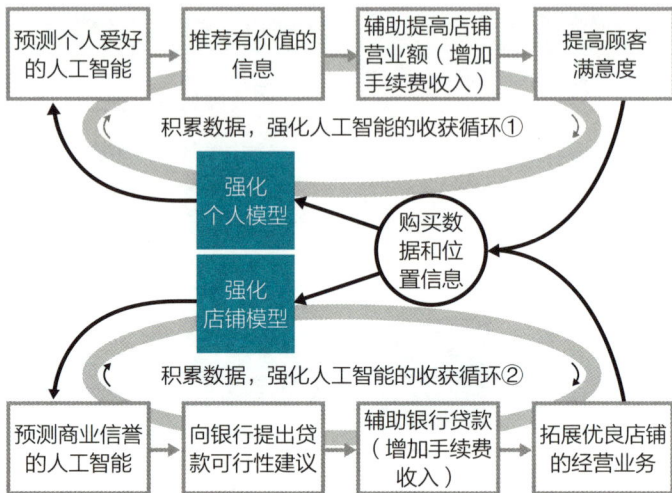

图5-14　Fave的双重循环

　　想要建立这一双重循环，就必须和银行合作。从Fave的角度来看，与银行建立合作才能初次取得竞争优势，或许有人觉得银行立场强硬，尤其是对于创业不久的风险企业来说，双方实力悬殊，很可能会让自己落于下风。

　　但是，实际掌握店铺信用分，选择合作伙伴的并不是银行，而是Fave。也就是说，Fave可以选择与任何一家银行合作，而如果银行没有选择和Fave合作，就只能从其他企业获得类似的信息。

Fave借用银行的资金实力和贷款业务积累固有数据，建立循环，并不断强化。如果Fave和银行之间的实力差距逐渐缩小，Fave就能重新商讨如何分配市场份额，或者更换合作银行。

银行只能利用风险企业的数据扩大贷款业务，结成双赢同盟。即使其他银行拥有非常先进的技术，与Fave合作的银行也能率先增加贷款余额，取得竞争优势。

实现双线作战并取得成功的双重收获循环

如果支付软件Fave不能同时增加个人用户和店铺用户，那么最终将无法生存。这种同时增加双方用户的方法就是人们常说的"双边网络效应"。

笔者在介绍亚马逊的循环结构时曾提到过，双边网络效应能够让售卖者向购买者较多的地方聚集，也能让购买者向售卖者较多的地方聚集。顾客多了，商品就卖得快，价格较高的稀有品也能快速售出。

另外，从顾客的角度来看，售卖者越多，挑选的余地就越大，也能以更低的价格购买相同的商品。人越多生意越好，反之则生意越萧条。

但是，仅凭双边网络效应无法取得持续性胜利。近年来东南亚调度车辆的软件Grab和Gojek展开了激烈的消耗战。这场份额争夺战几乎能够将这一领域的先驱者优步（Uber）挤出东南亚市场，即使优步利用双边网络效应，让司机和乘客互相吸引，也敌不过Grab和Gojek的集中式猛攻。

即使有企业在某个国家最受欢迎的领域、使用者较多的大都市圈已取得市场占有率第一的地位，如果起步晚的企业投入巨额资金进行宣传，并与之展开物资战，那么最终的结果也会有翻天覆地的变化。最终，只有坚持到最后的一方才能存活，而Grab和Gojek进行了漫长的较量，双方的消耗都很大，有人推测双方只能通过合并来结束这场争夺。

Fave的成功不只是依靠双边网络效应，如果只以增加用户为目的，那么只需要大量发送优惠券，就能吸引大批新顾客。

但是，肆意投入优惠券只会损害店铺的利益，而且大多数被优惠券吸引来的顾客只是贪图便宜，一旦没有优惠券他们就会离去，所以这种做法不会得到店铺的支持。

因此，Fave利用人工智能有效针对回头客及时发放优惠券，增加"常客转化为店铺粉丝"的数量。

好的优惠券无论对于常客还是店铺都有好处。随着优惠券的增多，人工智能也会变得更加聪明，这样就能发放更多好用的优惠券。这样的循环结构起到了保护顾客（和店铺）的作用。

建立顾客循环，就能建立店铺收入和营业额增长的模型，这就是图5-14下层的店铺模型循环。与Fave合作就能以较低的利息从银行贷款，这使得更多优质店铺涌入Fave，随着优质店铺的增加，顾客也会更加满意。第二重循环起到了保护店铺（和顾客）的作用。

专栏

汇总数据，方能百战百胜：
只有自己企业才拥有的链接数据

自己企业固有的独特数据是指什么？

建立收获循环时，最核心的问题是积累哪种数据，大家都能够得到的数据无法形成差异化，也几乎没有战略价值。因此，笔者想在这里介绍一些积累数据的窍门。

那么，什么样的数据才称得上独特？什么样的数据是其他企业无法轻易模仿、只有自己才能积累的？我们从这个问题开始。

从结论来讲，单独持有数据几乎没有什么效果，只有将多项数据联系在一起，才能得到其他企业没有的独特数据。

我们以提供线上英语会话服务的企业为例。

在开展相关的商业活动时，如果每次课后都进行简单的问卷调查，就能收集用户满意度的数据。但是，仅凭这种方法评价讲师是远远不够的。如果将课程全部录像，就能针对学生们的表情数据进行情感分析。

总之，这样的数据还不能称为企业独一无二的数据，因为网络上有很多像Kaggle一样能够分析表情数据的平台。

将多项数据结合就能产生独特性

如果用户满意度和表情数据结合在一起，会发生什么呢？将这两者结合在一起，就能实现表情数据化，知道哪种表情是在表达满意，哪种表情是在表达不满。这种数据网络上没有，其他企业也无法获取。

然后，试着将学生们的学习进度数据结合在一起。这样一来，就能知道在满意度很高的情况下，如果学习进度很慢，学生们也会露出烦恼的表情。如果将学习进度数据、表情数据以及满意度数据结合在一起，就能明白很多事情。

有了学习进度数据，就能进行个性化指导（结合学习状况进行个别指导），符合每个人个性的设计是最强的差异化战略之一。

不仅如此，如果进一步将讲师的表情数据、声调数据等结合在一起，就能提高讲师的授课质量，起到帮助讲师训练的作用。随着学生用户体验的提升，讲师的技能也会提高。这种双重效果构成了非常强力的循环结构。

随着关联数据的增加，这种结构越来越难以被模仿。这些数据将学生和讲师的个人身份绑定，其价值呈直线上升。

将不同的数据组合在一起非常重要，因为单一的数据很难产生价值，但如果将多项数据结合在一起，就可能产生意想不到的价值。数据虽然不是最重要的，但链接数据拥有巨大的价值（如图5–15）。

总之可以全部录像

链接数据的优点和第4章中提到的内容相似，大多数链接数据都是非结构化的数据，可以全部录像、录音，用

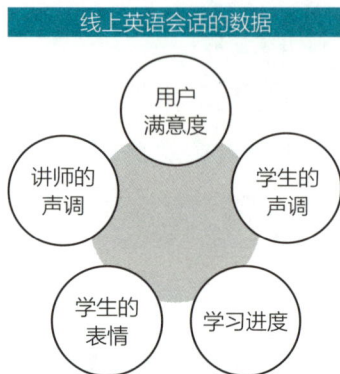

图5-15　数据联动产生独特性

时间戳进行整理。无论之后想要关注哪部分数据，都可以追溯到过去进行提取。

　　想要依靠双重收获循环取得竞争优势，就要暂时取得全部数据，想办法将这些数据结合在一起。在无比视公司的双重收获循环中，道路图和位置信息结合在一起，所以才形成了非常强力的循环结构。当然，这两者不结合，也能在大量元数据上粘贴链接，随着链接数量的增加，其他企业想要模仿几乎是不可能的。

第6章

上演收获的故事

没有必要全部自己开发

笔者在第2章到第5章中，介绍了如何建立双重收获循环，以及如何规划设计方案，编排各个环节。

完成了人工智能战略的收获循环设计，接下来就该导入了。

尽管如此，建立收获循环并不需要全部自费，尤其是对于企业内部资源有限的风险企业和中小型企业来说，从头开始建立双重循环并不现实。

读者中或许有企业人工智能项目的管理者，经过一番努力后，终于到了导入的环节，可这时却一筹莫展，不知从何下手。

这种情况下需要有合作伙伴，如专门从事人工智能工作的软件供应商。

和专家联手是为了弥补自身能力和资源的不足，尽快建立收获循环。独自开发或许需要数年，但如果和其他企业合作，或许不到一年就能完成，这才是上策。

人员和能力充足的大型企业的开发速度比不过外部人工智能风险企业的案例不在少数。既然如此，干脆一开始就和外部企业联手。在这个日新月异的时代，速度才是最重要的。

不过，如果企业内部没有专业人员，全部委托给供应商，那么人工智能项目大多无法顺利进行。所谓术业有专攻，委托给专业人员固然不错，但项目、时间、数量、销售等问题必须由自己决定。因此，自己掌握哪些部分、将哪些部分交给合作伙伴，是一件非常重要的事。

安装收获循环的9个步骤

图6-1将安装人工智能到建立收获循环的过程分成了9个步骤。接下来，笔者会按照顺序一一进行说明。

步骤① 设置关键绩效指标

起点的"完成题材"是指想象自己企业的双重循环结构。

但是，虽然循环图中的过程十分完美，但终究只是抽象性的讨论，必须设定具体的目标。这就相当于"设置关键绩效指标"（KPI）。

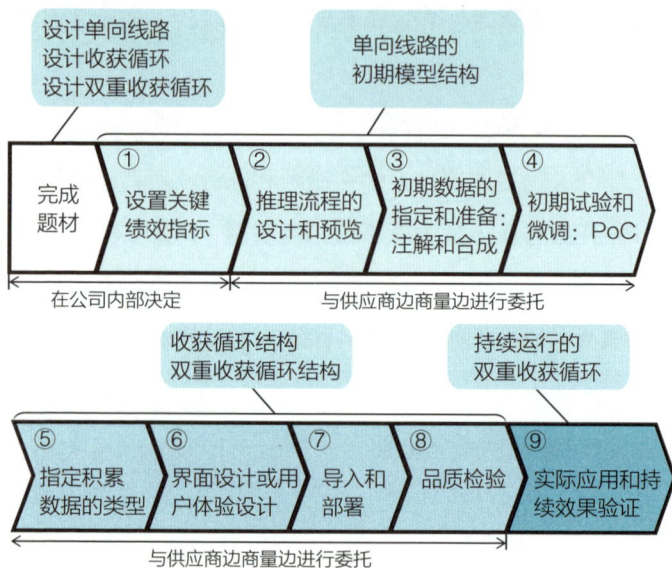

图6-1　安装收获循环的9个步骤

例如，建立产生并收获数据的循环前需要一定程度的投资，但也不能一直增加成本，这种情况下，投资回报率（ROI）是不能忽视的关键绩效指标，即投入的资金能够提高多少收益。

举一个简单的例子，利用机器人流程自动化将外包给外部商务流程外包（BPO）公司的数据录入作业自动化。

假设每年支付给商务流程外包公司的数据录入人员的工资为每人300万日元，如果将100人的录入工作减少两成，就能减少300万日元/人×20人=6 000万日元的开支。如果系统安装费为5 000万日元，那么1年就能收回成本，即使费用为1亿日元，也只需要2年就能收回成本。

另外，最初的目标是减少两成，而随着机器人流程自动化精度的提高，可以将人员减少六到七成。这样一来，每个阶段的投资金额都会发生变化。

相反，如果不计算投资成本和回报，人工智能项目就得不到企业内部的理解。

关键绩效指标通常是重要的经营判断标准。如果目标明确，队伍就能团结一致；但如果最初的目标出现偏差，那么即使集中全部力量也无济于事。另外，如果评价标准出现偏差，那么项目的成功与否就不能得到正确的评价。

因此，必须自己考虑如何设置关键绩效指标。

总之，关于步骤①，即使与外部的专家讨论，最终也是由自己决定（但是，如果对人工智能的精度和交付期限设置过高的限制，就会失去开发的自由度，最终使项目失败。关于这一点，最好回头再考虑）。

反过来讲，无论是外部供应商，还是企业内部的技术人员，从这一步开始必须借助专家的力量，否则将举步维艰。

因此，不精通技术的人只需粗略按照流程进行即可，进行项目管理时，首先把握好现在处于哪一阶段，以及现阶段需要做什么。

步骤② 推理流程的设计和预览

所谓推理流程，是指将数据输入系统后，再将成果（数据）进行后处理的一系列处理过程，用多个容器表示。也可以理解为凭借多个简单的功能组合实现更复杂、更高端的功能。

以第1章的专栏为例，用光学文字识别系统读取账单上的文字时，设计图6-2的推理流程，判断输入后的数据经过哪些程序，如何整理（结构化），又如何进入下一个模块。为了便于使用，进入流程前与完成流程后的数据状态会发生变化。

首先，如果原始数据（扫描纸质文件的图像数据）倾斜或者错位，必须先将其摆放端正，然后分析文件的设计

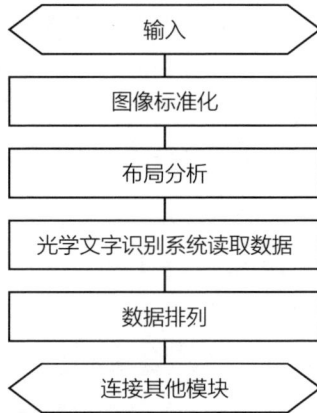

图6-2 光学文字识别系统读取手写文件的"推理流程"

布局，了解表格左侧的物品名称，右侧的数量、单位价格
（单价）、总额等信息，最后利用光学文字识别系统读取文
字和数据，将读取的数据按照"名称""数量""单价""总
额"等信息分类整理。

这一推理流程中能够安装很多工具，如亚马逊提供的
机器学习工具"SageMaker"。SageMaker虽然方便，但不
懂得设计程序和人工智能相关知识的人很难使用它。因
此，最好还是委托给专家。

步骤③　初期数据的指定和准备——注解和合成

设计完推理流程，接着就该让人工智能学习原始数据，也就是让光学文字识别系统识别文档数据，或者让图像识别系统识别图像数据。

从结论来讲，网络上已经有很多附带元数据的各类训练数据，如Kaggle的网站。

Kaggle正在针对文档识别、图像识别、声音识别、标准文档的布局分析等多种课题进行机器学习的精度竞赛，而竞赛用的训练数据都在网络上，我们只需浏览Kaggle的网站，或许就能找到适合自己的数据集。

如果在Kaggle上没有找到合适的数据，那么就必须自己准备数据。例如Kaggle上没有日语文档数据，所以只能自己完成注解工作，如输入手写文档的字符串，制作教学数据。这些工作不需要自己完成，可以利用众包来完成。

但是，众包或许难以满足专业性注解的需求。例如培育检测工厂设备异响并发出警报的人工智能时，自己（包含供应商）收集数据并进行标记会更快。

有时也会遇到训练数据不足的情况。这种情况下，必须利用已有的数据制造新的数据，这项工作被称为"合成"。

例如训练检测大楼、桥梁、隧道等建筑物是否出现裂痕的人工智能时，如果没有足够多的裂痕图像，那么可以考虑使用依靠人工智能生成图片的对抗生成网络。

正如笔者在第2章的专栏中提到的，对抗生成网络是通过生成新图像的人工智能和识别图像真伪的人工智能之间的竞争，提高图像精度的系统。利用对抗生成网络，能够制造出大量接近真实的图像。虽然这么做可能会引发一些问题，如恶意使用伪造图像和动画，但对抗生成网络能够提供足够的数据让人工智能学习。或者使用更加简单的方法，利用绘图软件在普通的墙面图像上绘制裂痕。关于读取非标准文件，可以让操作人员制作100张书写格式不规范的文件，然后开始训练。

多数人工智能的专业供应商都会在暗处准备数据，也有企业拥有专业的数据准备队伍以及借助供应商的力量实现快速安装的案例。

步骤④　初期实验和微调

为了达成步骤①中定下的目标投资回报率，人工智能的精度需要达到一定程度。

例如当精度达到80%~90%的时候，才能将录入数据的人员裁减两成。因此，需要在安装前计算精度能否达到预期。在系统开发领域的概念验证（Proof of Concept，PoC）阶段，需要通过演示来预测某个想法或算法是否能够按照计划进行。

话虽如此，但最初的精度或许只有30%。那么，应该如何提高精度呢？只能边建立循环边进行微调。如果精度能够提高到预期的数值，就按照安装程序进行，但如果无论如何都无法达到目标数值，那么只能终止项目。预测这些问题就是这一步的重点。

到这里初期模型就建成了，也就是图6-1中的"单向线路"。

步骤⑤　指定积累数据的类型

建立收获循环后，应该积累哪种类型的数据呢？这一点应该在确定题材时决定。例如第5章中提到的无比视公司的双重循环中，获取行驶过程中的图像数据和位置信息。

这时若是随意收集画面数据，虽然能在某个文件夹里不断积累数据，却无法使用。除了拍摄时间（什么时候）和拍摄地点（在哪里），还必须知道车辆的类型、天气或天空明暗度、时速、车辆在道路哪一侧等信息，否则就不能利用大数据进行解析。

因此，必须预先定义，即标明解析时所需的所有元数据。

如果之后再追加必要的信息，那么已获取的数据很可能会作废。因此，必须在准备阶段战略性地决定数据的类型，而这一步骤的要点是验证。

通过仔细确定数据的类型，可以将"冷态启动问题"（初次启动问题）控制在最小限度内。

虽说前4步就已经完成了人工智能模型，但最初并不会产生多少价值。只有运转一段时间，才能够产生价值，但仍需"低空飞行"，这就是冷态启动问题。如果因为冷态启动的问题耗费了大量时间，那么项目只能搁浅。因此，为了快速产生价值，必须仔细思考数据的类型。

步骤⑥　界面设计或用户体验设计

前5个步骤是制作人工智能模型的准备工作，主导人类使用情况的用户界面和用户体验方面的工作还没有开始。

人在回路型和专家回路型人工智能的管理画面的好坏，与产品的质量有着直接关系，无比视公司制造的这种几乎不需要人类参与的循环除外。

例如律师审核合同时，发现了人工智能的错误，就必须修改并替换数据（作为人工智能的学习数据）。

这种情况下，翻页、确定修改范围、填写修改内容的操作十分复杂，如果这些操作很难直观地理解，那么就会大大降低操作效率。引进人工智能原本是为了减轻人类的负担，但这样一来却在其他地方增加了烦琐的工作，真是本末倒置。因此，界面设计和用户体验设计不能马虎。

即使人工智能的精度很低，但如果管理画面很讲究，且方便使用，那么也能不断积累教学数据，让学习后的人工智能变得更加聪明。因此，便于使用的界面设计和用户体验设计也拥有一定的价值。

步骤⑦　导入和部署

完成了人工智能模型的制作，决定好储存数据的类型以及界面设计或用户体验设计，系统定义的工作就完成了，接下来就该进入导入阶段了。而所谓部署，是指将软件导入生产服务器。

人工智能模型的容量很大，所以不能只装在服务器上，还必须进行细致的设定。这种工作最好还是委托给专业人士。

步骤⑧　品质检验

导入完成后，品质是否符合预期，需要进行检测。话虽如此，但这里又出现了新的问题，即：如何定义品质？又如何评价品质？

例如给素描插图自动上色的人工智能系统，对于用哪种颜色、如何上色、如何评价等问题很难统一。

从事人工智能工作的人应该参考"人工智能产品质量保障准则"，任何一个QA4AI财团①公开的准则中，都有关

---

① 人工智能质量保障联盟，英文名称为"Consortium of Quality Assurance for Artificial-Intelligence-based products and services"，缩写为"QA4AI Consortium"。——译者注

于如何定义人工智能的品质的案例，且每个案例都有详细的规定，我们只需从中挑选出适合自己企业的即可。

步骤⑨　实际应用和持续效果验证

完成以上步骤，接下来就该实际应用了。应用的同时定期检查关键绩效指标的完成度，不断进行改良即可。

项目管理需要知道的事

看完安装流程后，如果能够理解全部的结构，那么项目管理将变得十分轻松。即使企业内部没有专业的人工智能团队，只要有一个理解流程的上司和数名懂得专业用语的现场人员，在外部专家的帮助下，人工智能项目就能顺利进行。

相反，缺少任何一步，项目都不能顺利进行。有的供应商只专注于概念验证，这使得实际演示时本应该正常运行的系统变得毫无用处。

另外，想要理解步骤②到步骤⑤，需要具备一定的人工智能知识，而步骤⑥以后的部分则需具备一定的软件知识。正因为需要具备多种知识，所以企业必须了解供应商的长处，选择合适的合作伙伴。换句话说，人工智能项目与一般的系统集成（System Integration）不同，如果不转变观念，项目就会受挫。

人工智能与软件项目管理的差异

那么，人工智能与一般的软件有什么不同？最根本的差异在于人工智能有不确定性（如图6-3）。

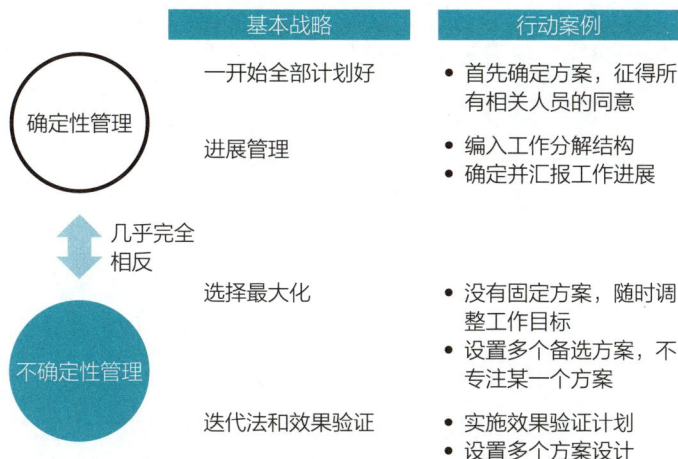

	基本战略	行动案例
确定性管理	一开始全部计划好	• 首先确定方案，征得所有相关人员的同意
	进展管理	• 编入工作分解结构 • 确定并汇报工作进展
几乎完全相反		
不确定性管理	选择最大化	• 没有固定方案，随时调整工作目标 • 设置多个备选方案，不专注某一个方案
	迭代法和效果验证	• 实施效果验证计划 • 设置多个方案设计

图6-3 "不确定性"才是人工智能项目管理的本质

银行系统等超大规模的项目暂且不论，大多数软件系统的后续进展都能够预测，因此可以利用工作分解结构（Work Breakdown Structure，WBS）和一眼就能看出任务进展的甘特图来管理项目进度。

例如，事先制作日程表，确定4月1日至3日完成初期模型，然后用2天的时间进行微调，接着按照日程表来完成工作。瀑布式开发项目之所以能够顺利进行，正是因为它能够在一定程度上制订计划。

反观人工智能项目，若不进行尝试，就无法得知初期试验需要耗费多长时间，以及能否按照计划进行。假如规定3天内完成模型（初期模型），5~7天内提高精度，否则就开除相关人员，那么现场人员都会很为难。

即使在人工智能项目中加入工作分解结构，现场人员也无法遵守。正是因为有较高的不确定性，如果项目初期的管理过于严谨，那么人工智能的精度很可能无法提高。

在人工智能项目中——只考虑最低限度的行业另当别论，通常需要考虑更多选项，谋求精度最大化。

经过尝试，人工智能的精度或许能够达到70%，也或许能够达到90%，因此必须灵活思考，比如达到70%的时候用什么管理画面，达到90%后能否更换成其他系统。

　　常见的情况是没有将步骤②～⑤的人工智能培养部分和步骤⑥以后的软件制作部分联系在一起。如果在步骤⑥中提出"专家回路的系统没有问题，但为什么人工智能的精度没有达到90%"的问题，很有可能会得到"不可能办得到"的回答，因此必须注意。

预测人工智能的成长，缔结灵活的契约

　　人工智能项目具有很高的不确定性，不能按照瀑布模式开发，也不能事先确定方案。另外，方案的不确定性暂且不论，技术方面同样具有不确定性。

　　也就是说，即使能够确定方案，技术方面的不确定性也不容乐观，图6–4左上方的骷髅标志就属于这种情况。如果不能确定技术，就必须选择灵活的方案，之后再进行调整。

　　例如，假设有一个系统，2个人检查机器读取的同一份账单，当双方的检查结果一致时，说明机器读取正确，那么首先试着将2人中的1人替换成人工智能，并进行循环。

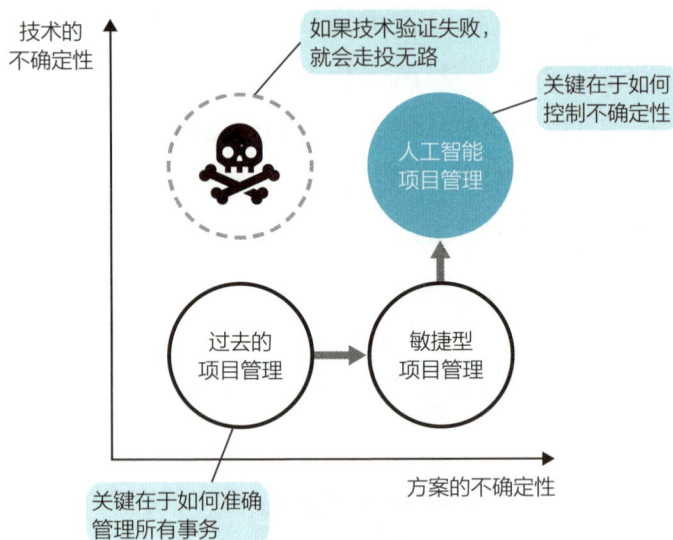

图6-4　人工智能项目中应该规避的模式

　　如果人工智能的精度达到70%，那么更适合安排人员检查，但如果精度达到98%，那么更有效的方案是先让人工智能检查，在不能保证正确率的情况下再交给检查人员。

　　像这样，根据人工智能精度制定的管理方法和商业规划方案会更加顺利。如果不了解实际情况，像以往的系统开发那样，在项目签约时把方针制定得太细致，那么最终很可能会导致项目失败。

人工智能最大的优点在于能够依靠多重收获循环不断成长，所以不能从一开始就想着按照计划行事。在实际签约人工智能项目时，面对"不能保证输出质量，如何外包给其他公司"等意见时，这种成长关系具有一定的说服力。

夹心期望值

结合以上要点，管理人工智能项目时，如图6-5所示，最有效的方法是不断降低期望值。所谓夹心期望值，

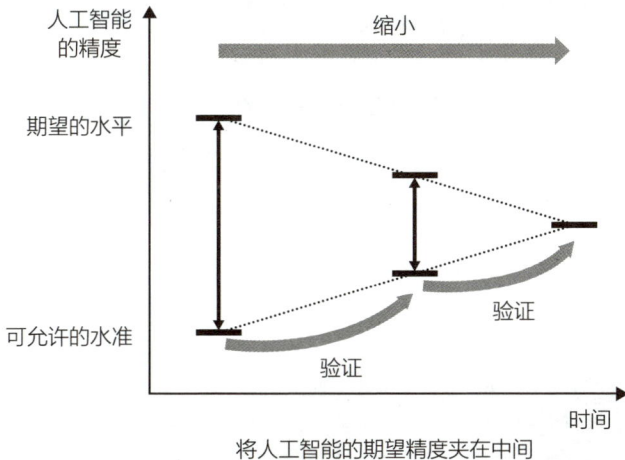

将人工智能的期望精度夹在中间

图6-5 夹心期望值的思考方法

是指像三明治一样将期望值夹在中间。

在项目的初期阶段，除了要下决心提高期望值的最低限度，还需要有乐观的前景。最重要的是有条理地考虑问题，知道顺利的时候该做什么，不顺利的时候该做什么。

然后，在短期内利用迭代法反复进行开发、检验，提高人工智能的精度，这样一来，项目的可行性范围就会逐渐明朗。接下来的阶段里，最好和最坏情况间的跨度不断缩小，最终期望值收敛，精度的数值逐渐确定。

如果签约阶段没有确定的方案，那么不断降低期望值就能使项目顺利进行。

夹心期望值的思考方法也是敏捷开发模式的基本思考方法，从事网络服务和软件开发的人应该很熟悉这种依靠迭代法不断更新期望值（目标值）的操作。正因为不知道市场需要什么（不确定性高），所以要不断重复A/B测试[1]，提高转换率（成交率）。

---

[1] A/B测试是为Web或App界面或流程制作两个（A/B）或多个（A/B/n）版本，在同一时间维度，分别让组成成分相同（相似）的访客群组（目标人群）随机访问这些版本，收集各群组的用户体验数据和业务数据，最后分析、评估出最好的版本，正式采用。——译者注

　　说到市场的不确定性，大家都知道瀑布开发模式和敏捷开发模式的不同，但是一提到人工智能，很多人的思维就会突然转变成瀑布式。

　　这或许是因为很少有人参与过企业内部的敏捷开发工作，对于网络行业和软件行业中习以为常的事，只懂得瀑布开发模式的人可能很难转变思维。

　　另外，在不允许失败的B2B系统开发中，很多人觉得敏捷开发模式行不通。

　　但是，事实上，系统中只有不能立即人工智能化的部分需要借助人的力量，如利用专家回路提高人工智能的精度。

　　因此，随着人工智能项目的进行，不断改变期望值才是项目成功的关键，这一点请务必牢记。

第7章

温柔地包裹地球的"最后的循环"

无延迟通信开拓的未来

今后的世界会变成什么样？笔者想在本书的最后一章谈一谈人工智能环境下的未来。

2020年，人工智能的基础设施正在全面普及，前言中提到的5G、物联网、虚拟现实都属于这一范畴。其中，5G技术带来的低延迟通信很可能从根本上迫使企业改变对人工智能的应用。

自2020年以来，5G技术开始进入商用阶段，如果2030年能够实现5G全覆盖，那么通信速度将达到4G的20倍，延迟只有4G的1/10，且能够同时连接10倍数量的设备。这样一来，瞬间就能下载大容量、高画质的电影，物联网的普及也指日可待，而这些都要归功于低延迟。

4G的延迟为0.01秒，使用中目软件召开线上会议时，往返就会产生0.02秒的延迟（在实际通信环境中有时延迟更高）。虽然只有一点偏差，却能影响激烈讨论时的语速，以及多人讲话时的清晰度。

全5G时代的通信延迟能够缩短至0.001秒，而0.001秒的偏差已经超出人类的可识别范围，这样的效果在人类眼里几乎就是实时通信。

这样一来会发生什么呢？实现实时通信后，原本必须在本地环境中处理的问题可以交给服务器站点统一管理。

最容易理解的案例就是机器人，现在已经普及的扫地机器人有时会失踪，或者卡在房屋的角落无法移动，这种愚蠢的行为都跟成本有关，因为它没有搭载高价的中央处理器和系统。

但是，如果所有扫地机器人都连接全5G网络，就能进行云控制。这样一来，就能将扫地机器人上搭载的摄像机捕捉到的画面全部上传到服务器，并对室内的空间布局、床的材质等进行分析，然后以毫米为单位精确地控制机器人行动。

这将是非常大的变化。通过高速、大容量、低延迟的5G，将所有数据上传至服务器站点，就能持续高速运行双重、三重，甚至多重收获循环。让人工智能以远超现在的速度学习，在所有领域推行最优化策略，这样未来会是怎样一番景象？只要稍微想想，就能让人内心充满喜悦。

如果人工智能的基础设施更加完备，就能同时在所有领域建立多重收获循环。因此，必须趁现在开始准备收获循环的题材，否则就赶不上这场大变化了。

做自己喜欢的工作

进化后的人工智能将影响人类的工作方向。

专家回路不仅不会剥夺人类的工作，还能将专家从简单烦琐的工作中解放，让他们专心投入专业领域。因此，随着人类与人工智能合作的加深，专家的能力和特点也会逐渐实现最大化。

正如我们在LawGeex公司的双重收获循环案例中看到的那样，如果让专家们在舒适的环境中工作，就能录用到优秀的人才，从而进一步建立品质更好的录用循环。在短期内提高人才的技能，就能建立培养高水准人才的培育循环。人力资源技术之所以备受关注，是因为人工智能优化了这一领域，使其逐渐进入大变革期。

将烦琐的工作交给人工智能，经营者就能专心决策，计划制订者就能专心思考，专家就能专心投入专业领域，创作者就能专心创作，程序员就能专心设计程序，艺术家就能专心创作，表演者就能在舞台和剧场专心演出。

做自己喜欢又擅长的事情，不仅能收获快乐，还能沉浸在其中。如果能够一心一意地做一件事，就能激发自己的才能，让自己达到新的高度。

另外，在人工智能的作用下，专家的工作方式也会发生改变。人工智能提高了专家的效率，让专家能够充分利用自己的知识和技术才能，同时处理更多的案件。这样一来，过去那种全天工作的世界观也会随之改变。

如果由人工智能管理任务，人类只需按照管理画面的提示处理细节部分，那么就不需要去办公室上班了。这种情况下，或许会出现一大批专业的自由职业者。

在新冠肺炎疫情的冲击下，原本需要每天去公司上班的生活方式已经发生了变化，这种变化或许会加速人工智能的普及。

人工智能带来的最优化将实现"可持续发展的地球"

人工智能改变了产业、社会，以及人类的工作方式。

如图7-1所示，在不久的未来，人工智能还将实现联

图7-1　联合国可持续发展目标

合国可持续发展目标（SDGs）。

　　建立收获循环不是为了像过去一样一局定胜负（多数情况下关系到资源浪费），而是为了可持续发展的未来，培养可持续的劳动力，支持可持续的企业活动，为可持续的社会做贡献，将可持续的地球环境和生物多样性留给子孙后代。

　　联合国可持续发展目标出台前经过了很长一段时间。过去，人类目光短浅，人工智能功能低下，建立了最优化循环的生态系统少之又少。

　　在处于经济高度成长期（1955—1973年）的日本，制造商的主流做法是建立能够将商品售空的销售模型。当时的人们肆意使用资源和能源，排放工厂废气污染大气，排放工业废水污染河流和海洋，引发公害问题。日本消费者很早就习惯了一次性用品，循环使用和资源再循环的观念没有普及。

对于当时的企业来讲，销售额最大化即合理。当时的人们丝毫不在乎资源浪费和工厂排放废弃物，只知道增加销售额就能使企业成长，员工的工资也会随之增加，另外，还能为国家国内生产总值做出贡献。这种行为在经济学上被称为"外部不经济"（External diseconomy）。

资本主义以竞争为前提建立市场经济基础，在经济直线成长的时代，没有人会在意资源和能源是有限的。资源问题和垃圾问题不是最优化方法的主要研究对象，所以长期被置于市场之外。

但是，随着人口数量的增长，人类的足迹已经遍布全球的每个角落，随着经济活动的规模不断扩大，资源枯竭等问题随之而来，废弃物（包含造成地球温室效应的二氧化碳和不能自然分解的微塑料）的总量逐渐超过了地球容量。

二氧化碳的排放权交易将给竞争带来怎样的变化

任凭市场发展，推行部分最优化等做法无法解决市场之外的环境问题。当人们正在思考这一问题的时候，有人提出了二氧化碳排放权的概念。

这是一种让减少二氧化碳成为竞争优势，将外部不经济纳入竞争标准的方法。企业必须根据规模减少二氧化碳的排放量，如果排放量超限，则必须购买超出的部分。如果企业不想支付金钱，就必须采取行动减少排放量，在无论如何都无法达成减排目标的情况下，可以采取资金支援对策，拨款给达成目标的企业。

二氧化碳的排放权交易使得减排工作能够在最优化循环中进行。排放权交易是对资本主义的一种打击，如果能够顺利更换循环，就能在资本主义中建立可持续性循环。

例如，对于只想增加销售额的制造商来讲，产品的寿命越短越好，因为产品的更新换代能够让他们赚到更多的钱。另外，很多产品都带有无人使用的多余功能，因为这样能够避免大量商品化，扩大净利润。制造商们就是凭借这些方法实现最优化的。

如果抛开过去的销售模型，企业与顾客保持长期联系，在持续的服务中赚取更多的利益，产品的寿命就能延长。不会发生故障的产品就不需要维护，这样一来就能减少废弃物，建立一石二鸟的最优化循环。

然后，利用人工智能建立事先预测故障并进行维修的循环，回收零件再利用使资源再生的循环，以少量原材料、少量能源进行生产作业的循环，以及开发高耐久性的产品和原材料的循环。也就是说，这样做能够使企业、顾客、交易方皆大欢喜。最优化循环对于地球环境来说至关重要。

虽然倡导销售额至上主义的制造商以部分最优化为目标，但如果能够纳入顾客这一利益相关方，就能将视角转移到可持续性的全体最优化。

进一步开阔视野，就能在制造商筹措原材料和零件的供应链中，建立可持续性的最优化循环。而推行绿色环保采购，能够提高企业品牌的知名度，关注当地企业员工的劳动环境和工资、人权问题，能够进一步扩大循环。

或许有人会想："随着利益相关方的增加，最优化方案将越来越难得到全员的认可。"这时就该轮到人工智能出场了，因为人工智能最擅长从庞大的组合中寻找最合适的方案。

合理分配有限的资源，不断强化人工智能的最优化循环，就能使地球环境达到可持续的状态。

如图7–2所示，利用人工智能建立的收获循环，不久后就能形成资源和废弃物的循环，最终以温柔的方式完成地球的最优化循环，实现联合国可持续发展目标。

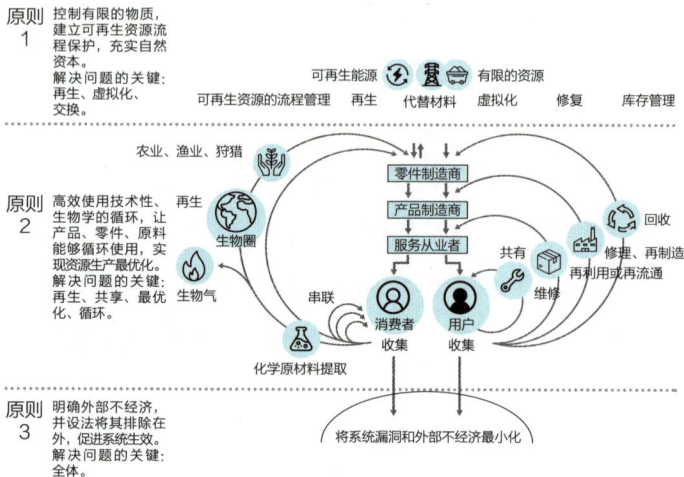

图7-2 将地球全体囊括在内的"循环型经济循环"

比人工智能和战略更加重要的事

大家觉得以"如何利用人工智能建立战略"为核心的本书如何？

笔者从中学开始热衷编程，是一名十足的技术迷，在2008年因研究神经网络取得博士学位后，本人作为人工智能新兴企业——Cinnamon AI的共同创业者，每天都在关注日新月异的人工智能技术。

但是，对于大多数人来讲，人工智能似乎还是个很遥远的话题。正因为不知道该如何利用，所以很多人都觉得人工智能和自己的工作毫无关系。

创作本书就是为了让大家切实体会到人工智能和企业的联系。

那么，关键在于如何建立收获循环。收获循环不仅能够帮助人们开展新的商业活动，还能推进已有商业的数字化转型。

在询问"该怎么做"之前需要自问的事

事实上，仅凭战略无法维持商业活动。

商业活动中最重要的并不是如何做，而是为什么要做。

在每天的商业活动中，我们经常会讨论如何做的问题，但这终究只是达成目标的方法。市场环境正在以我们想象不到的速度变化着，很多被认为需要专业知识的人工智能技术都将商品化。

既然各种事物都在发生变化，那么就需要能够引领我们前进的目标，这就是目标受到关注的理由。

实际上，过去成立新兴企业时，我曾经历过多次失败，这些经历让我深切地体会到目标的重要性。

过去我有很多能做的事，或者说我只能做我能做的事。

只要不断学习，能做的事就会越来越多。例如学习Swift程序设计语言，就能安装苹果手机的软件；学习机器知识，就能安装人工智能。我相信只要能做的事越来越多，商业活动就应该也能成功，所以我开始创业。

但是，我当时缺少创业的轴心，事业发展一筹莫展，却又不知道问题出在哪里，只好继续增加能做的事，所以经历了很多次失败。

记得公司刚成立的时候，我非常辛苦，现在看来我多次失败的根本原因，就是不知道为什么要做。

实际上，"为什么要做"的问题非常难回答，也没有所谓的正确答案。而且，日本的公共教育没有告诉我们该如何回答这个问题，只是一味地增加我们能做的事。正因如此，我们不知道为什么要做，只知道如何做。

另外，一旦有了目标，我们就不得不面对市场变化和无数次失败。在这种逆境中不断地问自己"我为什么要继续？这真的是我想要的吗？"是一件很痛苦的事。

我每天都有几个瞬间，对自己设定的目标失去信心，但正因如此，我才比任何人都更懂得目标的重要性。

想清楚"为什么这么做"的两个方法

那么，究竟该如何看待企业的目标？我想在这里介绍两种方法。

第一种是被称为野心勃勃的转型目标（Massive Transformative Purpose，MTP）的方法。我曾参与过硅谷教育机构奇点大学①的执行程序，奇点大学是世界级人工智能学者兼未来学家雷·库兹韦尔（Ray Kurzweil）创办的教育机构，其目的是培养未来创造型领导人。

想要设定野心勃勃的转型目标，必须先回答以下两个问题。

"解决什么重大问题？"

"如何解决？"

在面对"问题或解决方案"时，建议您从未来10年～30年的大跨度上来考虑目标用户。试着用尽可能简单明了的语言回答"用户抱有怎样的问题"，以及"该如何解决这些问题"，目标的轮廓就会逐渐清晰。

接着思考"彻底执行解决方案后，会发生怎样的变革？"，这时不要想已经实现的目标，而是要以即将实现的目标为依据，尽可能地描述未来（见表1）。

例如我在讲述专家回路的模型时介绍的LawGeex公司，该公司的目标是借助人工智能让律师服务民主化。另

---

① 奇点大学，Singularity University，简称SU，设在美国宇航局埃姆斯研究中心内，是谷歌与美国宇航局合作开办的一所培养未来科学家的学校。——译者注

表1　有助于企业目标设定的野心勃勃的转型目标方案

问题	解决	如果彻底解决
价格过高	低价化	压倒性的低价化（民主化）
复杂	简单化	谁都能使用
发现不了业务	业务可视化	改变业务理念
繁杂	轻松化	无意识
麻烦	减少麻烦	忘记烦恼
等待时机过长	缩短等待时机	几乎实时完成

外，线上住宅保险公司Lemonade的理念，是让保险从口碑不好的产品实现社会效益。这些都是隐藏在优秀战略背后的改革目标（野心勃勃的转型目标）。

第二种是我根据自己的经验总结出的简单方法。

说到目标，人们就会不自觉地想到"人生的原始体验""贡献社会的语境"或者"哲学的问题"，但没有必要突然开始考虑这些问题。

首先问问自己想要创造怎样的未来。从这一点开始考虑，更容易设定目标。

如果内心"想要创造未来"的想法让你激动不已，那么这一定与原始体验有关。如果将这些作为故事讲述给他人，就能与社会和思想方面产生更加具体的联系。

因此，不要率先考虑目标的广度与深度，先试着考虑自己想要创造的未来。商业活动中最重要的是真心想做，以及认真去做。

用户体验使目标与收获循环联系在一起

看到这里，或许有人会问："为什么必须要考虑10年～30年后的未来呢？企业的目标不应该是更近的将来吗？"

为什么要考虑遥远的未来？原因有两点。

原因之一是目前的时代变化让人眼花缭乱，不只是人工智能，所有的一切都在迅速发生技术进化，而新冠肺炎病毒和数字化转型引起了产业变革。在这种情况下，中期经营计划几乎失去了作用。所有一切都在发生剧烈变化，为了保持决策的一致性，必须考虑遥远的未来。

原因之二是10年、30年后的未来比距离现在更近的未来更容易预测。乍看之下，或许你会感到意外，但仔细思考后就能明白。

例如，想要预测"明年会出现与人类声音高度相似的高性能电话应答人工智能吗？如果不能，那么后年呢？"等问题是非常困难的。但是，如果将问题换成"10年后能否实现"，那么几乎不用想都知道答案。因此，预测遥远未来的准确度更高。

读过本书的人应该都知道，收获循环是让企业优势持续成长的战略框架。但是，为了发挥战略真正的价值，需要设定长期目标。如果将"持续成长下的未来"作为商业活动目标，就能建立带有收获循环的人工智能战略。

另外，收获循环并不是一次性的，当前的状况每时每刻都在发生变化，企业自身的优势也会随之改变。如果企业在成长的同时经常问自己"这里能够建立怎样的收获循环"，就能灵活地应对各种变化。另外，在不得不改变战略的情况下，只要企业拥有坚定不移的目标，就不会迷失前进的方向。

进一步来讲，用户体验才是实现目标、建立收获循环的基础。或许有人会觉得用户体验就是围绕设计进行的表层问题讨论，但我想说的是，用户体验不只是用户使用商品的感受，还包括如何通过销售和用户支持来接触客户，将这些全部加起来，才是用户的全部体验。从这层意义来讲，用户体验可以说是企业的关键。

目标、收获循环、用户体验三者的关系如图1所示。

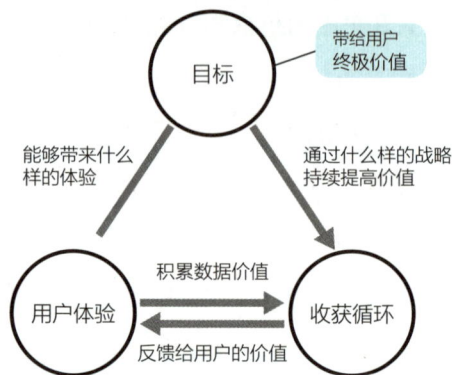

图1　目标、收获循环、用户体验的三项关系

正如前言中尾原先生所说，在后数字时代，用户体验本身能够再次数字化。因此，通过用户体验积累人们的行为数据，就能不断强化收获循环中的人工智能。

故事不会就此结束，将精度提高后的人工智能进一步返还到用户端，就能为用户创造更高的价值。这么做既能产生价值，又能继续强化用户体验。

用户体验和收获循环相辅相成，能够给企业带来非常强力的竞争优势，并有助于企业完成目标。无论是筹划新兴企业，还是已有企业的数字化转型，能否注意到这种三位一体的结构，决定了今后商业活动的成败，这种说法并非言过其实。

我希望各位读者在思考各个领域的人工智能战略时，本书中的内容能够给您带来一些启发和契机。

感谢各位拜读！

堀田创

致谢

本书的撰写得到了很多友人的帮助。

本书的主题和内容极具挑战性，我在钻石社的藤田悠先生的帮助下，最终完成了创作。作家田中幸宏先生用通俗易懂的方式，为我解答了很多难以理解的论点。本书的共同作者尾原和启先生从策划阶段开始，从文章的构思、结构设计到出版制作，都给予了我很大的帮助。

另外，在Cinnamon AI公司的越南、中国台湾、日本的分公司成员的帮助下，我才得以分析世界人工智能独角兽企业的100多个案例，深入研究人工智能战略设计的框架结构。IDEO公司的各位成员作为本书的先头部队，开展了有关收获循环的研讨会，共同优化、普及了本书的概念。

最后，经营共创基盘（IGPI）会长富山和彦，庆应义塾大学SFC研究所的教授、雅虎首席战略官（CSO）安宅和人在对本书内容产生鸣的同时，还为本书提供了精彩的推荐评论。

在此，我对所有参与本书制作的人表示衷心的感谢！

堀田创